隨身佛典

長阿含經

後秦佛陀耶舍共竺佛念 譯

隨身佛典

長阿含經

後秦佛陀耶舍共竺佛念 譯

隨身佛典

長阿含經

後秦佛陀耶舍共竺佛念　譯

隨身佛典

長阿含經

後秦佛陀耶舍共竺佛念 譯

隨身佛典

長阿含經

第三冊

（卷十二～卷十六）

後秦佛陀耶舍共竺佛念 譯

◉目錄（第三冊）

佛說長阿含經卷第十二

後秦弘始年佛陀耶舍共竺佛念譯

(一七)第二分清淨經第十三

如是我聞：一時，佛在迦維羅衛國緬祇優婆塞林中，與大比丘眾千二百五十人俱。

時有沙彌周那在波波國，夏安居已，執持衣鉢，漸詣迦維羅衛緬祇園中，至阿難所頭面禮足，於一面立白阿難言：「波波城內有尼乾子，命終未久，其諸弟子分為二分，各共諍訟面相毀罵，無復上下，迭相求短競其知見：『我能知是，汝不能知；我行真正，汝為邪見。以前著後，以後著前，顛倒錯亂無有法則。我所為妙，汝所言非，汝有所疑，當諮問我。』大德阿難！時彼國人民事尼乾者，聞諍訟已生厭患心。」

阿難語周那沙彌曰：「我等有言欲啟世尊，今共汝往宣啟此事，若世尊有所戒勅，當共奉行。」

爾時沙彌周那聞阿難語已，即共詣世尊，頭面禮足在一面立。爾時阿難白世尊曰：「此沙彌周那在波波國夏安居已，執持衣鉢漸來至此，禮我足語我言：『波波國有尼乾子，命終未久，其諸弟子分為二分，各共諍訟面相毀罵，無復上下，迭相求短競其知見：我能知是，汝不能知；我行真正，汝為邪見。以前著後，以後著前，顛倒錯亂無有法則。我所言是，汝所言非，汝有所疑，當諮問我。時彼國人民事尼乾者，聞諍訟已生厭患心。』」

世尊告周那沙彌曰：「如是，周那！彼非法中不足聽聞，此非三耶三佛所說，猶如朽塔難可汙色。彼雖有師，盡懷邪見；雖復有法，盡不真正，不足聽採，不能出要，非是三耶三佛所說，猶如故塔不可汙也。彼諸弟子有不順其法，捨彼異見，行於正見。周那！若有人來語彼弟子：『諸賢！汝師法正，當於中行，何以捨離？』其彼弟子信其言者，則二俱失道，獲無量罪。所以者何？彼雖有法，然不真正故。

「周那！若師不邪見，其法真正，善可聽採，能得出要，三耶三佛所說，譬如新塔易可汙色。然諸弟子於此法中，不能勤修，不能成就，捨平等道，入於邪見，若有人來語彼弟子：『諸賢！汝師法正，當於中行，何以捨離，入於邪見？』其彼弟子信其言者，則二俱見真正，獲無量福。所以者何？其法真正。」

佛告周那：「彼雖有師，然懷邪見；雖復有法，盡不真正，不足聽採，不能出要，非三耶三佛所說，猶如朽塔不可汙色。彼諸弟子法法成就，隨順其行，起諸邪見。周那！若有人來語其弟子言：『汝師法正，汝所行是，今所修行勤苦如是，應於現法成就道果。』彼諸弟子信受其言者，則二俱失道，獲無量罪。所以者何？以法不真正故。

「周那！若師不邪見，其法真正，善可聽採，能得出要，三耶三佛所說，譬如新塔易為汙色。又其弟子法法成就，隨順修行而生正見，若有人來語其弟子言：『汝師法正，汝所行是，今所修行勤苦如是，應於現法成就道果。』彼諸弟子信受其言，二俱正見，獲無量福。所以者何？法真正故。

「周那！或有導師出世，使弟子生憂；或有導師出世，使弟子無憂。云何導師出世，使弟子生憂？周那！導師新出世間，成道未久，其法具足，梵行清淨，如實真要而不布現，然彼導師速取滅度，其諸弟子不得修行，皆愁憂言：『師初出世，成道未久，其法清淨，梵行具足，如實真要，竟不布現，而今導師便速滅度，我等弟子不得修行。』是為導師出世，弟子愁憂。

「云何導師出世，弟子*無憂？謂導師出世，其法清淨，梵行具足，如實真要而廣流布，然後導師方取滅度，其諸弟子皆得修行，不懷憂言：『師初出世，成道未久，其法清淨，梵行具足，如實真要而*廣布現，*然後☆導師*方取☆滅度，使我弟子*皆得修行。』如是，周那！導師出世，弟子無憂。」

佛告周那：「此支成就梵行，謂導師出世，出家未久，名聞未廣，是謂梵行支不具足。周那！導師出世，出家既久，名聞廣遠，是謂梵行支具足滿。周那！導師出世，出家既久，名聞亦廣，而諸弟子未受訓誨，未具梵行，未至安處，未獲己利，未能受法分布演說，有異論起不能如法而往滅之，未能變化成神通證，是為梵行支不具足。周那！導師出世，出家既久，名聞亦廣，而諸弟子盡受教訓，梵行具足，至安隱處，已獲己利，又能受法分別演說，有異論起能如法滅，變化具足成神通證，是為梵行支具足滿。

「周那！導師出世，出家亦久，名聞亦廣，諸比丘尼未受訓誨，未至安處，未獲己利，未能受法分布演說，有異論起不能以法如實除滅，未能變化成神通證，是為梵行支未具足。周那！導師出世，出家亦久，名聞亦廣，諸比丘尼盡受教訓，梵行具足，至安隱處，已獲己利，復能受法分別演說，有異論起能如法滅，變化具足成神通證，是為梵行支具足滿。周那！諸優婆塞、優婆夷廣修梵行，乃至變化具足成神通證，亦復如是。

「周那！若導師不在世，無有名聞，利養損減，則梵行支不具足滿。若導師在世，名聞利養皆悉具足，無有損減，則梵行支為具足滿。若導師在世，名聞利養皆悉具足，而諸比丘名聞利養不能具足，是為梵行支不具足。若導師在世，名聞利養具足無損，諸比丘眾亦復具足，則梵行支為具足滿；比丘尼眾亦復如是。

「周那！我出家久，名聞廣遠，我諸比丘已受教誡，到安隱處，自獲己利，復能受法為人說法，有異論起能如法滅，變化具足成神通證，諸比丘、比丘尼、優婆塞、優婆夷皆亦如是。周那！我以廣流布梵行，乃至變化具足成神通證。周那！一切世間所有導師，不見有得名聞利養如我如來、至真、等正覺者也。周那！諸世間所有徒眾，不見有名聞利養如我眾也。周那！若欲正說者，當言見不可見。云何見不可見？一切梵行清淨具足，宣示布現，是名見不可見。」

爾時世尊告諸比丘：「欝頭藍子在大眾中而作是說：『有見不見，云何名見不見？如刀可見，刃不可見。』諸比丘！彼子乃引凡夫無識之言以為譬喻。如是，周那！若欲正說者，當言見不見。云何見不見？汝當正[1]說言：『一切梵行清淨具足，宣示流布，是不可見。』周那！彼相續法不具足而可得，不相續法具足而不可得。周那！諸法中梵行，酪酥中醍醐。」

爾時世尊告諸比丘：「我於是法躬自作證，謂四念處、四神足、四意斷、四禪、五根、五力、七覺意、賢聖八道，汝等盡共和合，勿生諍訟，同一師受，同一水乳，於如來正法當自熾然，快得安樂。得安樂已，若有比丘說法中有作是言：『彼所說句不正，義理不正。』比丘聞已，不可言是，不可言非，當語彼比丘言：『云何，諸賢！我句如是，汝句如是；我義如是，汝義如是，何者為勝？何者為負？』若彼比丘報言：『我句如是，我義如是；汝句如是，汝義如是；汝句亦勝，汝義亦勝。』彼比丘說此，亦不得非，亦不得是，當諫彼比丘，當呵當止，當共推求，如是盡共和合，勿生諍訟，同一*師受☆，同一◎水乳，於如來正法當自熾然，快得安樂。

「得安樂已，若有比丘說法，中有比丘作是言：『彼所說句不正，義正。』比丘聞已，不可言是，不可言非，當語彼比丘言：『云何，比丘！我句如是，汝句如是。何者為是？何者為非？』若彼比丘報言：『我句如是，汝句如是，汝句亦勝。』彼比丘說此，亦不得言是，不得言非，當諫彼比丘，當呵當止，當共推求，如是盡共和合，勿生諍訟，同一師受，同一水乳，於如來正法當自熾然，快得安樂。

「得安樂已，若有比丘說法，中有比丘作是言：『彼所說句正，義不正。』比丘聞已，不可言是，不可言非，當語彼比丘言：『云何，比丘！我義如是，汝義如是。何者為是？何者為非？』若彼報言：『我義如是，汝義如是，汝義*亦勝。』彼比丘說此已，亦不得言是，亦不得言非，當諫彼比丘，當呵當止，當共推求，如是比丘盡共和合，勿生諍訟，同一師受，同一水乳，於如來正法當自熾然，快得安樂。

「得安樂已，若有比丘說法，中有比丘作如是言：『彼所說句正，義正。』比丘聞已，不得言非，當稱讚彼言：『汝所言是，汝所言是。』是故，比丘！於十二部經自身作證，當廣流布，一曰、貫經，二曰、祇夜經，三曰、受記經，四曰、偈經，五曰、法句經，六曰、相應經，七曰、本緣經，八曰、天本經，九曰、廣經，十曰、未曾有經，十一曰、譬喻經，十二曰、大教經，當善受持，稱量觀察，廣演分布。

「諸比丘！我所制衣，若塚間衣，若長者衣、麤賤衣，此衣足障寒暑、蚊虻，足蔽四體。諸比丘！我所制食，若乞食，若居士食，此食自足，若身苦惱，眾患切已，恐遂至死，故聽此食，知足而已。諸比丘！我所制住處，若在樹下，若在露地，若在房內，若樓閣上，若在窟內，若在種種住處，此處自足，為障寒暑、風雨、蚊虻，下至閑靜懈息之處。諸比丘！我所制藥，若大小便，酥油蜜、黑石蜜，此藥自足，若身生苦惱，眾患切已，恐遂至死，故聽此藥。」

佛言：「或有外道梵志來作是語：『沙門釋子以眾樂自娛。』若有此言，當如是報：『汝等莫作此言，謂沙門釋子以眾樂自娛。所以者何？有樂自娛，如來呵責；有樂自娛，如來稱譽。』若外道梵志問言：『何樂自娛，瞿曇呵責？』設有此語，汝等當報：『五欲功德，可愛可樂，人所貪著。云何為五？眼知色，可愛可樂，人所貪著。耳聞聲、鼻知香、舌知味、身知觸，可愛可樂，人所貪著。諸賢！猶是五欲緣生喜樂，此是如來、至真、等正覺之所呵責也。猶如有人故殺眾生，自以為樂，此是如來、至真、等正覺之所呵責。猶如有人私竊偷盜，自以為樂，此為如來之所呵責。猶如有人犯於梵行，自以為樂，此是如來之所呵責。猶如有人故作妄語，自以為樂，此是如來之所呵責。猶如有人放蕩自恣，此是如來之所呵責。猶如有人行外苦行，非是如來所說正行，自以為樂，此是如來之所呵責。』

「諸比丘！呵責五欲功德，人所貪著。云何為五？眼知色，可愛可樂，人所貪著。耳聞聲、鼻知香、舌知味、身知觸，可愛可樂，人所貪著，如此諸樂，沙門釋子無如此樂。猶如有人故殺眾生，以此為樂，沙門釋子無如此樂。猶如有人公為盜賊，自以為樂，沙門釋子無如是樂。猶如有人犯於梵行，自以為樂，沙門釋子無如是樂。猶如有人故作妄語，自以為樂，沙門釋子無如是樂。猶如有人放蕩自恣，自以為樂，沙門釋子無如是樂。猶如有人行外苦行，自以為樂，沙門釋子無如是樂。

「若外道梵志作如是問：『何樂自娛，沙門瞿曇之所稱譽？』諸比丘！彼若有此言，汝等當答彼言：『諸賢！有五欲功德，可愛可樂，人所貪著。云何為五？眼知色，乃至*身知觸☆，可愛可樂，人所貪著。諸賢！五欲因緣生樂，當速除滅。猶如有人故殺眾生，自以為樂；有如此樂，應速除滅。猶如有人公為盜賊，自以為樂；有如此樂，應速除滅。猶如有人犯於梵行，自以為樂；有如此樂，應速除滅。猶如有人故為妄語，自以為樂；有如此樂，應速除滅。猶如有人放蕩自恣，自以為樂；有如此樂，應速除滅。猶如有人行外苦行，自以為樂；有如是樂，應速除滅。猶如有人去離貪欲，無復惡法，有覺、有觀，離生喜、樂，入初禪；如是樂者，佛所稱譽。猶如有人滅於覺、觀，內喜、一心，無覺、無觀，定生喜、樂，入第二禪；如是樂者，佛所稱譽。猶如有人除喜入捨，自知身樂，賢聖所求，護念一心，入第三禪；如是樂者，佛所稱譽。樂盡苦盡，憂、喜先滅，不苦不樂，護念清淨，入第四禪；如是樂者，佛所稱譽。』

「若有外道梵志作如是問：『汝等於此樂中求幾果功德？』應答彼言：『此樂當有七果功德。云何為七？於現法中，得成道證；正使不成，臨命終時，當成道證；若臨命終復不成者，當盡五下結，中間般涅槃、生彼般涅槃、行般涅槃、無行般涅槃、上流阿迦尼吒般涅槃。諸賢！是為此樂有七功德。諸賢！若比丘在學地欲上求，⊙求安隱處，未除五蓋。云何為五？貪欲蓋、瞋恚蓋、睡眠蓋、掉戲蓋、疑蓋。彼學比丘方欲上求，求安隱處，未滅五蓋，於四念處不能精勤，於七覺意不能勤修，欲得上人法、賢聖智慧增*上，求欲知欲見者，無有是處。諸賢！學地比丘欲上求，求安隱處，能滅五蓋：貪欲蓋、瞋恚蓋、睡眠蓋、掉戲蓋、疑蓋，於四*念處又能精勤，於七覺意如實修行，欲得上人法、賢聖智慧增上，求欲知欲見者，則有是處。諸賢！若有比丘漏盡阿羅漢，所作已辦，捨於重擔，自獲己利，盡諸有結使，正智解脫，不為九事。云何為九？一者、不殺，二者、不盜，三者、不婬，四者、不妄語，五者、不捨道，六者、不隨欲，七者、不隨恚，八者、不隨怖，九者、不隨癡。諸賢！是為漏盡阿羅漢所作已辦，捨於重擔，自獲己利，盡諸有結，正智*解脫☆，遠離九事。』

「或有外道梵志作是說言：『沙門釋子有不住法。』應報彼言：『諸賢！莫作是說：沙門釋子有不住法。所以者何？沙門釋子，其法常住，不可動轉，譬如門閫常住不動。沙門釋子亦復如是，其法常住，無有移動。』

「或有外道梵志作是說言：『沙門瞿曇盡知過去世事，不知未來事。』彼比丘、彼異學梵志智異，智觀亦異，所言虛妄。如來於彼過去事，若在目前，無不知見;，於未來世，生於道智。過去世事虛妄不實，不足喜樂，無所利益，佛則不記。或過去事有實，無可喜樂，無所利益，佛亦不記。若過去事有實、可樂，而無利益，佛亦不記。若過去事有實、可樂，有所利益，如來盡知然後記之。未來、現在，亦復如是。如來於過去、未來、現在，應時語、實語、義語、利語、法語、律語，無有虛也。佛於初夜成最正覺及末後夜，於其中間有所言說，盡皆如實，故名如來。復次，如來所說如事，事如所說，故名如來。以何等義，名等正覺?佛所知見、所滅、所覺，佛盡覺知，故名等正覺。

「或有外道梵志作如是說：『世間常存，唯此為實，餘者虛妄。』或復說言：『此世無常，唯此為實，餘者虛妄。』或復有言：『世間有常無常，唯此為實，餘者虛妄。』或復有言：『此世間非有常非無常，唯此為實，餘者虛妄。』或復有言：『此世間有邊，唯此為實，餘者①虛妄。』或復有言：『世間無邊，唯此為實，餘者虛妄。』或復有言：『世間有邊無邊，唯此為實，餘者虛妄。』或復有言：『世間非有邊非無邊，唯此為實，餘者虛妄。』或復有言：『是命是身，此實餘虛。』或復有言：『非命非身，此實餘虛。』或復有言：『命異身異，此實餘虛。』或復有言：『非異命非異身，此實餘虛。』

或復有言：『如來⊙有終，此實餘虛。』或復有言：『如來不終，此實餘虛。』或復有言：『如來終不終，此實餘虛。』或復有言：『如來非終非不終，此實餘虛。』諸有此見，名本生本見，今為汝記，謂此世常存，乃至如來非終非不終，唯此為實，餘者虛妄，是為本見本生，為汝記之。

「所謂*末見末生☆者，我亦記之。何者*末見末生☆，我所記者？色是我，從想有終，此實餘虛；無色是我，從想有終；亦有色亦無色是我，從想有終；非有色非無色是我，從想有終。我有邊，我無邊，我有邊無邊，我非有邊非無邊，從想有終。我有樂，從想有終；我無樂，從想有終；我有苦樂，從想有終；我無苦樂，從想有終。一想是我，從想有終；種種想是我，從想有終；少想是我，從想有終；無量想是我，從想有終，此實餘虛。是為邪見本見本生，我之所記。

「或有沙門、婆羅門有如是論，有如是見：『此世常存，此實餘虛；乃至無量想是我，此實餘虛。』彼沙門、婆羅門復作如是說，如是見：『此實，餘者虛妄。』當報彼言：『汝實作此論，云何此世常存，此實餘虛耶？如此語者，佛所不許。所以者何？此諸見中各有結使，我以理推，諸沙門、婆羅門中無與我等者，況欲出過？』此諸邪見但有言耳，不中共論。乃至無量想是我，亦復如是。

「或有沙門、婆羅門作是說：『此世間自造。』復有沙門、婆羅門言：『此世間他造。』或復有言：『自造他造。』或復有言：『非自造非他造，忽然而有。』彼沙門、婆羅門言世間自造者，是沙門、婆羅門皆因觸因緣，若離觸因而能說者，無有是處。所以者何？由六入身故生觸，由觸故生受，由受故生愛，由愛故生取，由取故生有，由有故生生，由生故有老、死、憂悲苦惱，大患陰集。若無六入則無觸，無觸則無受，無受則無愛，無愛則無取，無取則無有，無有則無生，無生則無老、死、憂悲苦惱，大患陰集。又言此世間他造，又言此世間自造他造，又言此世間非自造非他造，忽然而有，亦復如是。因觸而有，無觸則無。」

佛告諸比丘：「若欲滅此諸邪惡見者，於四念處當修三行。云何比丘滅此諸惡，於四念處當修三行？比丘謂內身身觀，精勤不懈，憶念不忘，除世貪憂；外身身觀，精勤不懈，憶念不忘，除世貪憂；內外身身觀，憶念不忘，除世貪憂。受、意、法觀，亦復如是。是為滅眾惡法，於四念處，三種修行。有八解脫，云何為八？色觀色，初解脫。內有色想，外觀色，二解脫。淨解脫，三解脫。度色想滅有對想，住空處，四解脫。捨空處，住識處，五解脫。捨識處，住不用處，六解脫。捨不用處，住有想無想處，七解脫。滅盡定，八解脫。」

爾時阿難在世尊後執扇扇佛，即偏露右肩，右膝著地，叉手白佛言：「甚奇！世尊！此法清淨，微妙第一，當云何名？云何奉持？」

佛告阿難：「此經名為清淨，汝當清淨持之。」

爾時阿難聞佛所說，歡喜奉行。

（一八）佛說長阿含第二分自歡喜經第十四

如是我聞：一時，佛在那難陀城波波利菴婆林，與大比丘眾千二百五十人俱。

時長老舍利弗於閑靜處，默自念言：「我心決定知過去、未來、現在沙門、婆羅門智慧、神足、功德、道力，無有與如來、無所著、等正覺等者。」

時舍利弗從靜室起，往至世尊所，頭面禮足，在一面坐白佛言：「向於靜室，默自思念：過去、未來、現在沙門、婆羅門智慧、神足、功德、道力，無有與如來、無所著、等正覺等者。」

佛告舍利弗：「善哉！善哉！汝能於佛前說如是語，一向受持，正師子吼，餘沙門、婆羅門無及汝者。云何，舍利弗！汝能知過去諸佛心中所念，彼佛有如是戒、如是法、如是智慧、如是解脫、如是解脫堂不？」

對曰：「不知。」

「云何，舍利弗！汝能知當來諸佛心中所念，有如是戒、如是法、如是智慧、如是解脫、如是解脫堂不？」

答曰：「不知。」

「云何，舍利弗！如我今如來、至真、等正覺心中所念，如是戒、如是法、如是智⊙慧、如是解脫、如是解脫堂，汝能知不？」

答曰：「不知。」

又告舍利弗：「過去、未來、現在如來、至真、等正覺心中所念，汝不能知，何故決定作是念？因何事生是念，一向堅持而師子吼？餘沙門、婆羅門若聞汝言：『我決定知過去、未來、現在沙門、婆羅門智慧、神足、功德、道力，無有與如來、無所著、等正覺等者。』當不信汝言。」

舍利弗白佛言：「我於過去、未來、現在諸佛心中所念，我不能知，佛總相法我則能知。如來為我說法，轉高轉妙，說黑、白法，緣、無緣法，照、無照法。如來所說轉高轉妙，我聞法已知一一法，於法究竟，信如來、至真、等正覺，信如來法善可分別，信如來眾苦滅成就，諸善法中此為最上。世尊智慧無餘，神通無餘，諸世間所有沙門、婆羅門無有能與如來等者，況欲出其上！

「世尊說法復有上者，謂制法。制法者，謂四念處、四正勤、四神足、四禪、五根、五力、七覺意、八賢聖道，是為無上制，智慧無餘，神通無餘，諸世間所有沙門、婆羅門皆無有與如來等者，況欲出其上者！

「世尊說法又有上者，謂制諸入。諸入者，謂眼色、耳聲、鼻香、舌味、身觸、意法。如過去如來、至真、等正覺亦制此入，所謂眼色乃至意法。正使未來如來、至真、等正覺亦制此入，所謂眼色乃至意法。今我如來、至真、等正覺亦制此入，所謂眼色乃至意法。此法無上，無能過者，智慧無餘，神通無餘，諸世間沙門、婆羅門無能與如來等者，況欲出其上！

「世尊說法又有上者，謂識入胎。入胎者，一、謂亂入胎、亂住、亂出，二者、不亂入、亂住、亂出，三者、不亂入、不亂住而亂出，四者、不亂入、不亂住、不亂出。彼不亂入、不亂住、不亂出者，入胎之上。此法無上，智慧無餘，神通無餘，諸世間沙門、婆羅門無能與如來等者，況欲出其上！

「如來說法復有上者，所謂道也。所謂道者，諸沙門、婆羅門以種種方便，入定[1]意三昧，隨三昧心修念覺意，依欲，依離，依滅盡，依出要法；精進、喜、猗、定、捨覺意，依欲，依離，依滅盡，依出要。此法最上，智慧無餘，神通無餘，諸世間沙門、婆羅門無能與如來等者，況欲出其上！

「如來說法復有上者，所謂為滅。滅者，謂苦滅遲得，二俱卑陋；苦滅速得，唯苦卑陋；樂滅遲得，唯遲卑陋；樂滅速得，然不廣普，以不廣普故名卑陋。如今如來樂滅速得，而復廣普，乃至天人見神變化。」

舍利弗白佛言：「世尊所說微妙第一，下至女人亦能受持，盡有漏成無漏，心解脫、慧解脫，於現法中自身作證：生死已盡，梵行已立，所作已辦，不受後有，是為如來說無上滅。此法無上，智慧無餘，神通無餘，諸世間沙門、婆羅門無能與如來等者，況欲出其上！

「如來說法復有上者，謂言清淨。言清淨者，世尊於諸沙門、婆羅門，不說無益虛妄之言，言不求勝，亦不朋黨，所言柔和，不失時節，言不虛發，是為言清淨。此法無上，智慧無餘，神通無餘，諸世間沙門、婆羅門無有與如來等者，況欲出其上！

「如來說法復有上者，謂見定。彼見定者，謂有沙門、婆羅門種種方便，入定意三昧，隨三昧心，觀頭至足，觀足至頭，皮膚內外，但有不淨，髮、毛、爪甲，肝、肺、腸、胃、脾、腎五臟，汗、肪、髓、腦、屎、尿、涕①、淚，臭⊙處不淨，無一可貪，是初見定。諸沙門、婆羅門種種方便，入定意三昧，隨三昧心，除去皮肉外諸不淨，唯觀白骨及與牙齒，是為二見定。諸沙門、婆羅門種種方便，入定意三昧，隨三昧心，除去皮肉外諸不淨及白骨，唯觀心識在何處住？為在今世？為在後世？今世不斷，後世不斷；今世不解脫，後世不解脫，是為三見定。諸沙門、婆羅門種種方便，入定意三昧，隨三昧心，除去皮肉外諸不淨及除白骨，復重觀識。識在後世，不在今世；今世斷，後世不斷；今世解脫，後世不解脫：是為四見定。諸有沙門、婆羅門種種方便，入定意三昧，隨三昧心，除去皮肉外諸不淨及除白骨，復重觀識；不在今世，不在後世；二俱斷，二俱解脫，是為五見定。此法無上，智慧無餘，神通無餘，諸世間沙門、婆羅門無與如來等者，況欲出其上！

「如來說法復有上者，謂說常法。常法者，諸沙門、婆羅門種種方便，入定意三昧，隨三昧心，憶識世間二十成劫敗劫，彼作是言：『世間常存，此為真實，餘者虛妄。所以者何？由我憶識，故知有此成劫敗劫，其餘過去我所不知，未來成敗我亦不知。』此人朝暮以無智說言：『世間常存，唯此為實，餘者為虛。』是為初常法。諸沙門、婆羅門種種方便，入定意三昧，隨三昧心，憶識四十成劫敗劫，彼作是言：『此世間常，此為真實，餘者虛妄。所以者何？以我憶識故知成劫敗劫，我復能過是，知過去成劫敗劫，我不知未來劫之成敗。』此說知始，不說知終，此人朝暮以無智說言：『世間常存，唯此真實，餘者虛妄。』此是二常法。諸沙門、婆羅門種種方便，入定意三昧，隨三昧心，憶識八十成劫敗劫，彼言：『此世間常，餘者虛妄。

所以者何？以我憶識故知有成劫敗劫，復過是知過去成劫敗劫，未來劫之成敗我亦悉知。』此人朝暮以無智說言：『世間常存，唯此為實，餘者虛妄。』是為三常存法。此法無上，智慧無餘，神通無餘，諸世間沙門、婆羅門無有能與如來等者，況欲出其上！

「如來說法復有上者，謂觀察。觀察者，謂有沙門、婆羅門以想觀察，他心爾趣，此心爾趣。彼心作是想時，或虛或實，是為一觀察。諸沙門、婆羅門不以想觀察，或聞諸天及非人語，而語彼言：『汝心如是，汝心如是。』此亦或實或虛，是二觀察。或有沙門、婆羅門不以想觀察，亦不聞諸天及非人語，自觀己身，又聽他言，語彼人言：『汝心如是，汝心如是。』此亦有實有虛，是為三觀察。或有沙門、婆羅門不以想觀察，亦不聞諸天及非人語，又不自觀、觀他，除覺、觀已，得定意三昧，觀察他心，而語彼言：『汝心如是，汝心如是。』如是觀察則為真實，是為四觀察。此法無上，智慧無餘，神通無餘，諸世間沙門、婆羅門無有與如來等者，況欲出其上！

「如來說法復有上者，所謂教誡。教誡者，或時有人不違教誡，盡有漏成無漏，心解脫、智慧解脫，於現法中自身作證：生死已盡，梵行已立，所作已辦，不復受有，是為初教誡。或時有人不違教誡，盡五下結，於彼滅度，不還此世，是為二教誡。或時有人不違教誡，三結盡，薄淫、怒、癡，得斯陀含，還至此世而取滅度，是為三教誡。或時有人不違教誡，三結盡，得須陀洹，極七往返，必成道果，不墮惡趣，是為四教誡。此法無上，智慧無餘，神通無餘，諸世間沙門、婆羅門無有與如來等者，況欲出其上！

「如來說法復有上者，為他說法，使戒清淨。戒清淨者，有諸沙門、婆羅門所語至誠，無有兩舌，常自敬肅，捐除睡眠，不懷邪諂，口不妄言，不為世人記於吉凶，不自稱說從他所得以示於人，*不求他利，坐禪修智，辯才無礙，專念不亂，精勤不怠。此法無上，智慧無餘，神通無餘，諸世間沙門、婆羅門無有與如來等者，況欲出其上！

「如來說法復有上者，謂解脫智。謂解脫智者，世尊由他因緣內自思惟言：此人是須陀洹，此是斯陀含，此是阿那含，此於阿羅漢。此法無上，智慧無餘，神通無餘，諸世間沙門、婆羅門無有與如來等者，況欲出其上！

「如來說法復有上者，謂自識宿命智證。諸沙門、婆羅門種種方便，入定意三昧，隨三昧心，自憶往昔無數世事，一生、二生乃至百千生成劫敗劫，如是無數我於某處生，名字如是，種、姓如是，壽命如是，飲食如是，若樂如是，從此生彼，從彼生此，若干種相，自憶宿命無數劫事，晝夜常念本所經歷。此是色，此是無色；此是想，此是無想，此是非無想，盡憶盡知。此法無上，智慧無餘，神通無餘，諸世間沙門、婆羅門無與如來等者，況欲出其上！

「如來說法復有上者，謂天眼智。天眼智者，*諸沙門、婆羅門種種方便，入定意三昧，隨三昧心，觀諸眾生，死者、生者，善色、惡色，善趣、惡趣，若好、若醜，隨其所行，盡見盡知。或有眾生，成就身惡行、口惡行、意惡行，誹謗賢聖，信邪倒見，身壞命終，墮三惡道。或有眾生，身行善、口言善、意念善，不謗賢聖，見正信行，身壞命終，生天人中，以天眼淨，觀諸眾生，如實知見。此法無上，智慧無餘，神通無餘，諸世間沙門、婆羅門無與如來等者，況欲出其上！

「如來說法復有上者，謂神足證。神足證者，*諸沙門、婆羅門以種種方便，入定意三昧，隨三昧心，作無數神力，能變一身為無數身，以無數身合為一身，石壁無礙，於虛空中結*跏趺坐猶如飛鳥，出入於地猶如在水，履水如地，身出烟火如火積燃，以手捫日月立至梵天。若沙門、婆羅門稱是神足者，當報彼言：『有此神足，非為不有。此神足者，卑賤下劣，凡夫所行，非是賢聖之所修習。若比丘於諸世間愛色不染，捨離此已，如所應行，斯乃名為賢聖神足。於無喜色，亦不憎惡，捨離此已，如所應行，斯乃名曰賢聖神足。於諸世間愛色、不愛色，二俱捨已，修平等護，專念不忘，斯乃名曰賢聖神足。猶如世尊精進勇猛，有大智慧，有知、有覺，得第一覺，故名等覺。世尊今亦不樂於欲，不樂卑賤凡夫所習，亦不勞勤受諸苦惱。世尊若欲除弊惡法，有覺、有觀，離生喜、樂，遊於初禪，如是便能除弊惡法，有覺、有觀，離生喜、樂，遊於初禪。二禪、三禪、四禪，亦復如是。精進勇猛，有大智慧，有知、有覺，得第一覺，故名等覺。』」

佛告舍利弗：「若有外道異學來問汝言：『過去沙門、婆羅門與沙門瞿曇等不？』汝當云何答？彼復問言：『未來沙門、婆羅門與沙門瞿曇等不？』汝當云何答？彼復問言：『現在沙門、婆羅門與沙門瞿曇等不？』汝當云何答？」

時舍利弗白佛言：「設有是問：『過去沙門、婆羅門與佛等不？』當答言：『有。』設問：『未來沙門、婆羅門*與佛☆等不？』當答言：『有。』設問：『現在沙門、婆羅門與佛等不？』當答言：『無。』」

佛告舍利弗：「彼外道梵志或復問言：『汝何故或言有？或言無？』汝當云何答？」

舍利弗言：「我當報彼：『過去三耶三佛與如來等，未來三耶三佛與如來等，我躬從佛聞，欲使現在有三耶三佛與如來等者，無有是處。』世尊！我如所聞，依法順法，作如是答，將無答耶？」

佛言：「如是答，依法順法，不違也。所以然者，過去三耶三佛與我等，未來三耶三佛與我等，欲使現在有二佛出世，無有是處。」

爾時尊者欝陀夷在世尊後執扇扇佛，佛告之曰：「欝陀夷！汝當觀世尊少欲知足，今我有大神力，有大威德，而少欲知足，不樂在欲。欝陀夷！若餘沙門、婆羅門於此法中能勤苦得一法者，彼便當豎幡，告四遠言：『如來今者少欲知足，今觀如來少欲知足，如來有大神力，有大威德，不用在欲。』」

爾時尊者鬱陀夷正衣服，偏露右肩，右膝著地，叉手白佛言：「②世尊！少有少欲知足如世尊者，世尊有大神力，有大威德，不用在欲。若復有餘沙門、婆羅門於此法中能勤苦得一法者，便能豎幡，告四遠言：『世尊今者少欲知足。』舍利弗！當為諸比丘、比丘尼、優婆塞、優婆夷數說此法，彼若於佛、法、僧，於道有疑者，聞說此法，無復疑網。」

爾時世尊告舍利弗：「汝當為諸比丘、比丘尼、優婆塞、優婆夷數說此法。所以者何？彼於佛、法、僧，於道有疑者，聞汝所說，當得開解。」

對曰：「唯然，世尊！」

時舍利弗即便數數為諸比丘、比丘尼、優婆塞、優婆夷說法，以自清淨故，故名清淨經。

爾時舍利弗聞佛所說，歡喜奉行。

(一九)佛說長阿含第二分大會經第十五

如是我聞：一時，佛在釋翅提國迦維林中，與大比丘眾五百人俱，盡是羅漢，復有十方諸神妙天皆來集會，禮敬如來及比丘僧。

時四淨居天即於天上各自念言：「今者世尊在釋翅提迦維林中，與大比丘眾五百人俱，盡得阿羅漢，復有十方諸神妙天皆來集會，禮敬如來及比丘僧。我等今者亦可往共詣世尊所，各當以偈稱讚如來。」

時四淨居天猶如力士屈伸臂頃，於彼天沒，至釋翅提迦維林中。爾時四淨居天到已，頭面禮足在一面立。時一淨居天即於佛前，以偈讚曰：

今日大眾會，諸天神普集；皆為法故來，欲禮無上眾。

說此偈已，退一面立。時一淨居天復作頌曰：

比丘見眾穢，端心自防護；欲如海吞流，智者護諸根。

說*此偈已，退一面立。時一淨居天復作頌曰：

斷刺平愛坑，及填無明塹；獨遊清淨場，如善象調御。

說此偈已，退一面立。時一淨居天復作頌曰：

諸歸依佛者，終不墮惡趣；捨此人中形，受天清淨身。

爾時四淨居天說此偈已，世尊印可，卽禮佛足，遶佛三匝，忽然不現。其去未久，佛告諸比丘：「今者諸天大集，今者諸天大集，十方諸神妙天無不來此禮覲如來及比丘僧。諸比丘！過去諸如來、至真、等正覺亦有諸天大集，如我今日。當來諸如來、至真、等正覺亦有諸天大集，如我今日。諸比丘！今者諸天大集，十方諸神妙天無不來此禮覲如來及比丘僧，亦當稱彼名號，為其說偈，比丘當知：

諸依地山谷，　隱藏見可畏；　身著純白衣，　潔淨無垢穢。
天人聞此已，　皆歸於梵天；　今我稱其名，　次第無錯謬。
諸天眾今來，　比丘汝當知；　世間凡人智，　百中不見一。
何由乃能見，　鬼神七萬眾？　若見十萬鬼，　猶不見一邊；

何況諸鬼神，周遍於天下？」

地神有七千悅叉若干種，皆有神足、形貌、色像、名稱，懷歡喜心來到比丘眾林中。時有雪山神將六千鬼悅叉若干種，皆有神足、形貌、色像、名稱，懷歡喜心來到比丘眾林中。有一舍羅神將三千鬼悅叉若干種，皆有神足、形貌、色像、名稱，懷歡喜心來到比丘眾林中。此萬六千鬼神悅叉若干種，皆有神足、形貌、色像、名稱，懷歡喜心來到比丘眾林中。

復有毗波蜜神，住在馬國，將五百鬼，皆有神足、威德。復有金毗羅神，住王舍城毗富羅山*邊，無數鬼神恭敬圍遶。復有東方提頭賴吒天王，領乾沓惒神，有大威德，有九十一子，盡字因陀羅，皆有大神力。南方毗樓勒天王，領諸龍王，有大威德，有九十一子，亦字因陀羅，有大神力。西方毗樓博叉天王，領諸鳩槃茶鬼，有大威德，有九十一子，亦字因陀羅，有大神力。北方天王名毗沙門，領諸悅叉鬼，有大威德，有九十一子，亦字因陀羅，有大神力。此四天王護持世者，有大威德，身放光明，來詣迦維林中。

爾時世尊欲降其幻偽虛妄之心，故結呪曰：

摩拘樓羅摩拘樓羅　毗樓羅毗樓羅　旃陀那加摩世致　迦尼延豆

尼延豆　波那攎　嗚呼奴奴主　提婆蘇暮　摩頭羅　支多羅斯那

乾沓波　那羅主　闍尼沙　尸呵　無蓮陀羅　鼻波蜜多羅　樹塵陀羅

那閭尼呵　*升浮樓　輸支婆迹婆

如是諸王乾沓婆及羅剎皆有神足、形貌、色像，懷歡喜心來詣比丘眾林中。爾時世尊復結呪曰：

阿醯　那陀瑟　那頭　毗舍離　沙呵　帶叉蛇　婆提　提頭賴吒　帝婆沙呵　若利耶　加毗羅　攝波那伽　阿陀伽摩　天提伽　伊羅婆陀　摩呵那伽　毗摩那伽多　陀伽陀餘　那伽羅閣　婆呵沙呵　叉奇提　婆提羅帝　婆提羅帝　毗枚大迹闕　毗呵四　婆嚀　阿婆婆四　質多羅　速和尼那　求四多　阿婆由　那伽羅除　阿四　修跋羅　薩帝奴　阿伽　佛陀灑　失羅嚀　婆耶　憂羅頭婆延樓　素槃毚　佛頭　舍羅毚　伽頞樓

爾時世尊為阿修羅而結呪曰：

祇陀　跋闍　呵諦　三物第　阿修羅　阿失陀　婆延地　婆三婆
四　伊弟阿陀　提婆摩　天地　伽黎妙　摩呵祕摩　阿修羅　陀那祕
羅陀　鞞摩質兜樓　修質諦麗　婆羅呵黎　無夷連那婆　舍黎阿細
跋黎　弗多羅那　薩鞞　鞞樓耶那那迷　薩那迷諦　婆黎　細如　羅
耶跋兜樓　伊呵菴婆羅迷　三摩由伊　陀那　跋陀　若　比丘那　三
彌涕　泥拔

爾時世尊復為諸天而結呪曰：

阿浮　提婆　萆犁醯陛　提豫　婆由　多陀㝹　跋樓㝹　跋樓尼
世帝蘇彌　耶舍阿頭　彌多羅婆　伽羅那移婆　阿邏　提婆　摩天
梯與　陀舍提舍　伽予　薩鞞　那難多羅婆跋那　伊地槃大　鞞地

槃那槃大　耶舍卑㝹　暮陀婆那　阿醯揵大　比丘那　婆朱弟　婆尼
鞞弩　提步　舍伽利　阿醯　地　勇迷　那剎帝隸富羅息幾大　阿
陀蔓　陀羅　婆羅鞞枏大蘇　婆尼捎　提婆　阿陀　袡陀　富羅翅支
大　蘇黎耶蘇婆尼捎　提婆　阿陀　蘇提耶　富羅翅大　摩伽陀　婆
蘇因　圖爐阿頭　釋拘　富羅大爐　叔伽　伽羅摩　羅那阿大　鞞摩
尼婆　鳴婆提　奇呵　波羅無呵　鞞婆羅　微阿尼　薩陀摩多　阿呵
黎　彌沙阿　尼　鉢𩜁蒐　歎奴阿　鞞　余　提舍　阿醯跋沙　睺摩
摩呵睺摩　摩蒐沙阿　摩蒐蔬多摩　乞陀　波頭灑阿　陀　摩蒐
波頭灑阿　醯阿羅夜　提婆　阿陀　黎陀夜　婆私　波羅　摩訶　波
羅阿陀　提婆摩　天　梯夜　差摩　兜率陀　夜摩　伽沙尼　阿　尼

藍鞞　藍婆折帝　樹提　那摩伊　灑　念摩羅提　阿陀醯　波羅念
彌大　阿醯　提婆　提婆　闍蘭　提　阿奇　尸吁波　摩阿栗吒攎耶
嗚摩　浮浮　尼婆私　遮婆　陀暮　阿周陀　阿尼　輸豆檀耶　菟
阿頭　阿邏　毗沙門伊灑

此是六十種天。爾時世尊復為六十八五通婆羅門而結呪曰：

羅耶梨沙何醯犍大婆尼伽毗羅跋兜鞞地闍菟阿頭差暮薩提鴦祇鞞
地牟尼阿頭閉聲耶差伽尸梨沙婆呵若菟阿頭梵摩提婆提那婆鞞地牟尼
阿頭拘薩梨伊尼攎摩闍邏鴦祇邏　野般闍　阿樓嗚猿頭　摩訶羅野阿
拘提　樓杙　菟阿頭六閉俱薩梨阿樓伽陵倚伽夷羅檀醯罪否符野福都
盧梨灑先陀步阿頭提那伽否婆　呵移伽耶羅野多陀阿伽度婆羅蔓陀菟

迦牧羅野阿頭因陀羅樓迷迦符陀攎暮摩伽醯阿勅傷俱卑予阿頭醯蘭若
伽否鞞梨味余梨多他阿伽度阿醯婆好羅子彌都盧多陀阿伽度婆斯佛離
首陀羅羅予多陀阿伽度伊梨耶差摩訶羅予先阿步多阿伽度般闍婆予婆
梨地翅阿羅予多陀阿伽度　鬱阿蘭摩訶羅予便被婆梨摩梨輸婆醯大那
摩阿槃地苦摩梨羅予阿具斯利陀那婆地阿頭翅鞞羅予尸伊昵彌昵摩呵
羅予復婆樓多陀阿伽　度跋陀婆利摩呵羅予俱薩梨摩提輸尸漢提苦婆
梨羅予修陀羅樓多他阿伽度阿呵因頭樓阿頭摩羅予余蘇利與他鞞地提
步阿呵鞞利四阿頭恒阿耶樓婆羅目遮耶暮阿夷菟阿頭一摩耶舍枇那婆
差摩羅予何梨揵度余枇度鉢支余是數波那路摩蘇羅予耶賜多由醯蘭若
蘇槃那祕愁度致夜數羅舍波羅鞞陀鬱陀婆呵婆灑婆呵婆婆謀娑呵沙貪

覆賒大賒法闍沙麗羅陀那摩般枝瘦多哆羅乾沓婆沙呵婆薩多提蘇鞞羅
予阿醯揵瘦比丘三彌地婆尼地婆尼

爾時復有千五通婆羅門，如來亦為結呪。時此世界第一梵王及諸梵天皆有神通，有一梵童子名曰提舍，有大神力。復有十方餘梵天王，各與眷屬圍遶而來。復越千世界，有大梵王見諸大眾在世尊所，尋與眷屬圍遶而來。

爾時魔王見諸大眾在世尊所，懷毒害心，即自念言：「我當將諸鬼兵往壞彼眾，圍遶盡取，不令有遺。」

時即召四兵，以手拍車聲如霹靂，諸有見者無不驚怖，放大風雨、雷電、霹靂，向迦維林圍繞大眾。

佛告諸比丘樂此眾者：「汝等當知，今日魔眾懷惡而來。」於是頌曰：

汝今當敬順，　建立於佛法；　當滅此魔眾，　如象壞花藂。
專念無放逸，　具足於淨戒；　定意自念惟，　善護其志意。
若於正法中，　能不放逸者；　則度老死地，　永盡諸苦本。
諸弟子聞已，　當勤加精進；　超度於眾欲，　一毛不傾動。
此眾為最勝，　有大智名聞；　弟子皆勇猛，　為眾之所敬。

爾時諸天、神、鬼、五通仙人皆集迦維園中，見魔所為，怪未曾有。佛說此法，時八萬四千諸天遠塵離垢，得法眼淨。諸天、龍、鬼、神、阿修羅、迦樓羅、真陀羅、摩睺羅伽、人與非人聞佛所說，歡喜奉行。

佛說長阿含經卷第十二

佛說長阿含經卷第十三

後秦弘始年佛陀耶舍共竺佛念譯

(二〇)第三分阿摩晝經第一

如是我聞：一時，佛遊俱薩羅國，與大比丘衆千二百五十人俱，至伊車能伽羅俱薩羅婆羅門村，即於彼伊車林中止宿。

時有沸伽羅娑羅婆羅門，止郁伽羅村，其村豐樂，人民熾盛，波斯匿王即封此村，與沸伽羅娑羅婆羅門，以為梵分。此婆羅門七世已來父母真正，不為他人之所輕毀，三部舊典諷誦通利，種種經書皆能分別，又能善解大人相法、祭祀儀禮，有五百弟子，教授不廢。其第一摩納弟子名阿摩晝，七世*已來父母真正，不為他人之所輕毀，三部舊典諷誦通利，種種經書皆能分別，亦能善解大人相法、祭祀儀禮，亦有五百摩納弟子，教授不廢，與師無異。

時沸伽羅娑羅婆羅門聞沙門瞿曇釋種子出家成道，與大比丘眾千二百五十人俱，至伊車能伽羅俱薩羅婆羅門村，止伊車林中，有大名稱，流聞天下，如來、至真、等正覺，十號具足，於諸天、世人、魔、若魔、天、沙門、婆羅門中，自身作證，為他說法，上中下善，義味具足，梵行清淨。如此真人應往親覲，我今寧可觀沙門瞿曇，為定有三十二相，名聞流布，為稱實不？當以何緣得見佛相？復作是念言：「今我弟子阿摩晝，七世*已來父母真正，不為他人之所輕毀，三部舊典諷誦通利，種種經書盡能分別，又能善解大人相法、祭祀儀禮，唯有此人可使觀佛，知相有無。」

時婆羅門即命弟子阿摩晝而告之曰：「汝往觀彼沙門瞿曇，為定有三十二相，為虛妄耶？」

時阿摩晝尋白師言：「我以何驗觀瞿曇相，知其虛實？」

師即報曰：「我今語汝，其有具足三十二大人相者，必趣二處，無有疑也。若在家，當為轉輪聖王，王四天下，以法治化統領民物，七寶具足：一、金輪寶，二、白象寶，三、紺馬寶，四、神珠寶，五、玉女寶，六、居士寶，七、典兵寶。王有千子，勇猛多智，降伏怨敵，兵*仗不用，天下泰平，國內民物無所畏懼。若其不樂世間，出家求道，當成如來、至真、等正覺，十號具足。以此可知瞿曇虛實。」

時阿摩晝受師教已，即嚴駕寶車，將五百摩納弟子，清旦出村，往詣伊車林。到已下車，步進詣世尊所。佛坐彼立，佛立彼坐，於其中間共談義理。

佛告摩納曰：「汝曾與諸耆舊長宿大婆羅門如是論耶？」

摩納白佛：「此為何言？」

佛告摩納：「我坐汝立，我立汝坐，中間共論，汝師論法當如是耶？」

摩納白佛言：「我婆羅門論法，坐則俱坐，立則俱立，臥則俱臥。今諸沙門毀形鰥獨，卑陋下劣，習黑冥法，我與此輩共論義時，坐起無在。」

爾時世尊即語彼言：「卿摩納未被調伏。」

時摩納聞世尊稱卿，又聞未被調伏，即生忿恚，毀謗佛言：「此釋種子，好懷嫉惡，無有義法。」

佛告摩納：「諸釋種子，何過於卿？」

摩納言：「昔我一時為師少緣，在釋*種迦維羅越國。時有眾多諸釋種子，以少因緣集在講堂，遙見我來，輕慢戲弄，不順儀法，不相敬待。」

佛告摩納：「彼諸釋子還在本國，遊戲自恣，猶如飛鳥自於樔林，出入自在。諸釋種子自於本國，遊戲自在，亦復如是。」

摩納白佛言：「世有四姓，剎利、婆羅門、居士、首陀羅，其彼三姓，常尊重、恭敬、供養婆羅門，彼諸釋子義不應爾。彼釋廝細、卑陋、下劣，而不恭敬我婆羅門。」

爾時世尊默自念言：「此摩納子，數數毀罵言及廝細，我今寧可說其本緣調伏之耶？」

佛告摩納：「汝姓何等？」

摩納答言：「我姓聲王。」

佛告摩納：「汝姓爾者，則為是釋迦奴種。」

時彼五百摩納弟子，皆舉大聲而語佛言：「勿說此言！謂此摩納為釋迦奴種，所以者何？此大摩納，真族姓子，顏貌端正，辯才應機，廣博多聞，足與瞿曇往返談論。」

爾時世尊告五百摩納：「若汝師盡不如汝言者，當捨汝師共汝論義。若汝師有如上事如汝言者，汝等宜默，當共汝師論。」時五百摩納白佛言：「我等盡默，聽共師論。」時五百摩納盡皆默然。

爾時世尊告阿摩晝：「乃往過去久遠世時，有王名聲摩。王有四子：一名面光，二名象食，三名路指，四名莊嚴。其王四子少有所犯，王擯出國到雪山南，住直樹林中。其四子母及諸家屬，皆追念之，即共集議，詣聲摩王所，白言：『大王！當知我等與四子別久，欲往看視。』王即告曰：『欲往隨意。』時母眷屬聞王教已，即詣雪山南直樹林中，到四子所。時諸母言：『我女與汝子，汝女與我子。』即相配匹遂成夫婦，後生男*女，容貌端正。

「時聲摩王聞其四子諸母與女共為夫婦，生子端正，王即歡喜，而發此言：『此真釋子！真釋童子！』能自存立，因此名釋釋，秦言能在直樹林，故名釋。釋，秦言亦言直。，聲摩王即釋種先也。王有青衣，名曰方面，顏貌端正，與一婆羅門交通，遂便有娠。生一摩納子，墮地能言，尋語父母：『當洗浴我，除諸穢惡；我年大已，自當報恩。』以其初生能言，故名聲王。如今初生有能言者，人皆怖畏，名為可畏；彼亦如是，生便能言，故名聲王。從此已來，婆羅門種遂以聲王為姓。」

又告摩納：「汝頗從先宿耆舊大婆羅門，聞此種姓因緣已不？」時彼摩納默然不對。如是再問，又復不對。佛至三問，語摩納言：「吾問至三，汝宜速答。設不答者，密迹力士手執金杵在吾左右，即當破汝頭為七分。」

時密迹力士手執金杵，當摩納頭上虛空中立，若摩納不時答問，即下金杵碎摩納首。佛告摩納：「汝可仰觀！」摩納仰觀，見密迹力士手執金杵立虛空中，見已恐怖，衣毛為竪，即起移坐附近世尊，依恃世尊為救為護，白世尊言：「世尊當問，我今當答。」

佛即告摩納：「汝曾於先宿耆舊大婆羅門，聞說如是種姓緣不？」

摩納答言：「我信曾聞，實有是事。」

時五百摩納弟子，皆各舉聲自相謂言：「此阿摩晝，實是釋迦奴種也。沙門瞿曇所說真實，我等無狀，懷輕慢心。」

爾時世尊便作是念：「此五百摩納後必懷慢，稱彼為奴，今當方便滅其奴名。」

即告五百摩納曰：「汝等諸人，慎勿稱彼為奴種也。所以者何？彼先婆羅門是大仙人，有大威力，伐聲摩王索女，王以畏故，即以女與。」由佛此言得免奴名。

爾時世尊告阿摩晝曰：「云何，摩納！若剎利女七世已來父母真正，不為他人之所輕毀，若與一婆羅門為妻生子，摩納！容貌端正，彼入剎利種，得坐受水，誦剎利法不？」

答曰：「不得。」

「得父財業不？」

答曰：「不得。」

「得嗣父職不？」

答曰：「不得。」

「云何，摩納！若婆羅門女七世*已來父母真正，不為他人之所輕毀，與剎利為妻，生一童子，顏貌端正，彼入婆羅門眾中，得坐起受水不？」

答曰：「得。」

「得誦婆羅門法，得父遺財，嗣父職不？」

答曰：「得。」

「云何，摩納！若婆羅門擯婆羅門投剎利種者，寧得坐起受水，誦剎利法不？」

答曰：「不得。」

「得父遺財，嗣父職不？」

答曰：「不得。」

「若剎利種擯剎利投婆羅門，寧得坐起受水，誦婆羅門法，得父遺財，嗣父職不？」

答曰：「得。」

「是故，摩納！女中剎利女勝，男中剎利男勝，非婆羅門也。」

梵天躬自說偈言：

剎利生中勝，　種姓亦純真；　明行悉具足，　天人中最勝。

佛告摩納：「梵天說此偈，實為善說，非不善也。我所然可，所以者何？我今如來、至真、等正覺，亦說此義：

剎利生中勝，　種姓亦純真；　明行悉具足，　天人中最勝。

摩納白佛言：「瞿曇！何者是無上士，明行具足？」

佛告摩納：「諦聽！諦聽！善思念之，當為汝說。」

對曰：「唯然，願樂欲聞！」

佛告摩納：「若如來出現於世，應供、正遍知、明行足、為善逝、世間解、無上士、調御丈夫、天人師、佛、世尊，於一切諸天、世人、沙門、婆羅門、天、魔、梵王中，獨覺自證，為人說法。上語亦善，中語亦善，下語亦善，義味具足，開清淨行。若居士、居士子及餘種姓，聞正法者即生信樂，以信樂心而作是念：『我今在家，妻子繫縛，不得清淨純修梵行；今者寧可剃除鬚髮，服三法衣，出家修道。』彼於異時，捨家財產，捐棄親族，剃除鬚髮，服三法衣，出家修道。與出家人同捨飾好，具諸戒行，不害衆生。

「捨於刀杖，懷慚愧心，慈念一切，是為不殺。捨竊盜心，不與不取，其心清淨，無私竊意，是為不盜。捨離婬欲，淨修梵行，慇勤精進，不為欲染，潔淨而住，是為不婬。捨離妄語，至誠無欺，不誑他人，是為不妄語。捨離兩舌，若聞此語，不傳至彼；若聞彼語，不傳至此；有離別者，善為和合，使相親敬；凡所言說，和順知時，是為不兩舌。捨離惡口，所言麤獷，喜惱他人，令生忿結，捨如是言；言則柔*軟，不生怨害，多所饒益，衆人敬愛，樂聞其言，是為不惡口。捨離綺語，所言知時，誠實如法，依律滅諍，有緣而言，言不虛發，是為捨離綺語。捨于飲酒，離放逸處。不著香華瓔珞，歌舞倡伎不往觀聽，不坐高牀，非時不食，金銀七寶不取不用，不娶妻妾，不畜奴婢、象馬、車牛、鷄犬、猪羊、田宅、園觀，不為虛詐斗秤欺人，不以手拳共相牽抴，亦不觝債，不誣罔人，不為偽詐。捨如是惡，滅於諍訟諸不善事，行則知時，非時不行，量腹而食無所藏積，度身而衣趣足而已，法服應器常與身俱，猶如飛鳥羽翮隨身，比丘無餘亦復如是。

「摩納！如餘沙門、婆羅門受他信施，更求餘積，衣服飲食無有厭足；入我法者，無如此事。

「摩納！如餘沙門、婆羅門食他信施，自營生業，種殖樹木，鬼神所依；入我法者，無如是事。

「摩納！如餘沙門、婆羅門食他信施，更作方便，求諸利養，象牙、雜寶、高廣大牀、種種文繡、綩綖被褥；入我法者，無如是事。

「摩納！如餘沙門、婆羅門受他信施，更作方便，求自莊嚴，酥油摩身，香水洗沐，香末自塗，香澤梳頭，著好華鬘，染目紺色，拭面莊嚴，鐶紐澡潔，以鏡自照，雜色革屣，上服純白，刀杖、侍從、寶蓋、寶扇，莊嚴寶車；入我法者，無如此事。

「摩納！如餘沙門、婆羅門食他信施，專為嬉戲，碁局博奕，八道、十道、百道，至一切道，種種戲笑；入我法者，無如此事。

「摩納！如餘沙門、婆羅門食他信施，但說遮道無益之言，王者、戰鬪、軍馬之事，群僚、大臣、騎乘出入、遊園觀事，及論臥起、行步、女人之事，衣服、飲食、親里之事，又說入海採寶之事；入我法者，無如此事。

「摩納！如餘沙門、婆羅門食他信施，無數方便，但作邪命，諂諛美辭，現相毀呰，以利求利；入我法者，無如此事。

「摩納！如餘沙門、婆羅門食他信施，但共諍訟，或於園觀，或在浴池，或於堂上，互相是非，言：『我知經律，汝無所知。我趣正道，汝向邪徑。以前著後，以後著前。我能忍汝，汝不能忍。汝所言說，皆不真正。若有所疑，當來問我，我盡能答。』入我法者，無如此事。

「摩納！如餘沙門、婆羅門食他信施，更作方便，求為使命，若為王、王大臣、婆羅門、居士通信使，從此詣彼，從彼至此，持此信授彼，持彼信授此，或自為，或教他為；入我法者，無如此事。

「摩納！如餘沙門、婆羅門食他信施，但習戰陣鬪諍之事，或習刀杖、弓矢之事，或鬪鷄犬、猪羊、象馬、牛駝諸畜，或鬪男女，及作衆聲：貝聲、鼙聲、歌聲、舞聲，緣幢倒絕，種種伎戲；入我法者，無如此事。

「摩納！如餘沙門、婆羅門食他信施，行遮道法邪命自活，瞻相男女吉凶好醜，及相畜生，以求利養；入我法者，無如此事。

「摩納！如餘沙門、婆羅門食他信施，行遮道法邪命自活，召喚鬼神，或復驅遣，或能令住，種種禳禱，無數方道，恐嚇於人，能聚能散，能苦能樂，又能為人安胎出衣，亦能呪人使作驢馬，亦能使人盲聾瘖瘂，現諸技術，叉手向日月，作諸苦行以求利養；入我法者，無如是事。

「摩納！如餘沙門、婆羅門食他信施，行遮道法，邪命自活，為人呪病，或誦惡術，或為善呪，或為醫方、鍼灸、藥石，療治衆病；入我法者，無如是事。

「摩納！如餘沙門、婆羅門食他信施，行遮道法邪命自活，或呪水火，或為鬼呪，或誦刹利呪，或誦鳥呪，或支節呪，或是安宅符呪，或火燒、鼠嚙能為解呪，或誦別死生書，或讀夢書，或相手面，或誦天文書，或誦一切音書；入我法者，無如是事。

「摩納！如餘沙門、婆羅門食他信施，行遮道法，邪命自活，瞻相天時，言雨不雨，穀貴穀賤，多病少病，恐怖安隱，或說地動、彗星、日月薄蝕，或言星蝕，或言不蝕，如是善瑞，如是惡徵；入我法者，無如是事。

「摩納！如餘沙門、婆羅門食他信施，行遮道法邪命自活，或言此國勝彼，彼國不如；或言彼國勝此，此國不如；瞻相吉凶，說其盛衰；入我法者，無如是事。

「但修聖戒，無染著心，內懷喜樂。目雖見色而不取相，眼不為色之所拘繫，堅固寂然，無所貪著，亦無憂患，不漏諸惡，堅持戒品，善護眼根，耳、鼻、舌、身、意亦復如是。善御六觸，護持調伏，令得安隱，猶如平地駕四馬車，善調御者，執鞭持控，使不失轍；比丘如是，御六根馬，安隱無失。彼有如是聖戒，得聖*諸根，食知止足，亦不貪味，趣以養身，令無苦患而不貢高，調和其身，令故苦滅，新苦不生，有力無事，令身安樂。猶如有人以藥塗瘡，趣使瘡差，不求飾好，不以自高。摩納！比丘如是，食足支身，不懷慢恣。又如膏車，欲使通利以用運載，有所至到；比丘如是，食足支身，欲為行道。

「摩納！比丘如是成就聖戒，得聖諸根，食知止足，初夜後夜，精進覺悟。又於晝日，若行若坐，常念一心，除眾陰蓋。彼於初夜，若行若坐，常念一心，除眾陰蓋。乃至中夜，偃右脅而臥，念當時起，繫想在明，心無錯亂。至於後夜，便起思惟，若行若坐，常念一心，除眾陰蓋。比丘有如是聖戒具足，得聖諸根，食知止足，初夜後夜，精勤覺悟，常念一心，無有錯亂。

「云何比丘念無錯亂？如是比丘內身身觀，精勤不懈，憶念不忘，除世貪憂；外身身觀、內外身身觀，精勤不懈，憶念不忘，捨世貪憂。受、意、法觀亦復如是，是為比丘念無錯亂。云何一心？如是比丘若行步出入，左右顧視，屈申俯仰，執持衣鉢，受取飲食，左右便利，睡眠覺悟，坐立語默，於一切時，常念一心，不失威儀，是為一心。譬如有人與大眾行，若在前行，若在中、後⊙行，常得安隱，無有怖畏。摩納！比丘如是行步出入，至於語默，常念一心，無有憂畏。

「比丘有如是聖戒，得聖諸根，食知止足，初夜後夜，精勤覺悟，常念一心，無有錯亂。樂在靜處、樹下、塚間，若在山窟，或在露地及糞聚間。至時乞食，還洗手足，安置衣鉢，結跏趺坐，端身正意，繫念在前。除去慳貪，心不與俱。滅瞋恨心，無有怨結，心住清淨，常懷慈愍。除去睡眠，繫想在明，念無錯亂。斷除掉戲，心不與俱，內行寂滅，滅掉戲心。斷除疑惑，已度疑網，其心專一，在於善法。譬如僮僕，大家賜姓，安隱解脫，免於僕使，其心歡喜，無復憂畏。

「又如有人舉財治生，大得利還，還本主物，餘財足用，彼自念言：我本舉財，恐不如意，今得利還，還主本物，餘財足用，無復憂畏發大歡喜。如人久病從病得差，飲食消化色力充足，彼作是念：我先有病而今得差，飲食消化色力充足，無復憂畏發大歡喜。又如人久閉牢獄，安隱得出，彼自念言：我先拘閉，今已解脫，無復憂畏發大歡喜。又如人多持財寶，經大曠野，不遭賊盜安隱得過，彼自念言：我持財寶過此嶮難，無復憂畏，發大歡喜其心安樂。

「摩納！比丘有五蓋自覆，常懷憂畏亦復如*是。如負債人、久病、在獄、行大曠野，自見未離諸陰蓋心，覆蔽闇冥，慧眼不明，彼即精勤捨欲、惡不善法，與覺、觀俱，離生喜、樂，得入初禪。彼已喜樂潤漬於身，周遍盈溢無不充滿。如人巧浴器盛眾樂，以水漬之，中外俱潤無不周遍。比丘如是得入初禪，喜樂遍身無不充滿。如是，摩納！是為最初現身得樂。所以者何？斯由精進念無錯亂，樂靜閑居之所得也。

「彼*捨覺、觀，便生為信，專念一心，無覺、無觀，定生喜、樂，入第二禪。彼已一心喜樂潤漬於身，周遍盈溢無不充滿。猶如山頂涼泉水自中出，不從外來，即此池中出清淨水，還自浸漬無不周遍。摩納！比丘如是入第二禪，定生喜、樂，無不充滿，是為第二現身得樂。

「彼捨喜住，護念不錯亂，身受快樂，如聖所說，起護念樂，入第三禪。彼身無喜，以樂潤漬，周遍盈溢無不充滿。譬如優鉢花、鉢頭摩華、拘頭摩花、分陀利花，始出淤泥而未出水，根莖枝葉潤漬水中，無不周遍。摩納！比丘如是入第三禪，離喜、住樂，潤漬於身，無不周遍，此是第三現身得樂。

「彼捨喜、樂，憂、喜先滅，不苦不樂，護念清淨，入第四禪。身心清淨，具滿盈溢，無不周遍。猶如有人沐浴清潔，以新白疊被覆其身，舉體清淨。摩納！比丘如是入第四禪，其心清淨，充滿於身無不周遍。又入第四禪，心無增減，亦不傾動，住無愛恚、無動之地。譬如密室內外塗治，堅閉戶*扃無有風塵，於內燃燈無觸嬈者，其燈焰上怗然不動。摩納！比丘如是入第四禪，心無增減，亦不傾動，住無愛恚、無動之地，此是第四現身得樂。所以者何？斯由精勤不懈，念不錯亂，樂靜閑居之所得也。

「彼得定心，清淨無穢，柔濡調伏，住無動地，自於身中起變化心，化作異身，支節具足，諸根無闕。彼作是觀：此身色四大化成彼身，此身亦異，彼身亦異，從此身起心，化成彼身，諸根具足，支節無闕。譬如有人鞘中拔刀，彼作是念：鞘異刀異，而刀從鞘出。又如有人合麻為繩，彼作是念：麻異繩異，而繩從麻出。又如有人篋中出蛇，彼作是念：篋異蛇異，而蛇從篋出。又如有人從篚出衣，彼作是念：篚異衣異，而衣從篚出。摩納！比丘亦如是，此是最初所得勝法。所以者何？斯由精進，念不錯亂，樂靜閑居之所得也。

「彼已定心，清淨無穢，柔濡調伏，住無動地，從己四大色身中起心，化作化身，一切諸根、支節具足。彼作是觀：此身是四大合成，彼身從化而有，此身亦異，彼身亦異，此心在此身中，依此身住，至*化身中。譬如琉璃、摩尼，瑩治甚明，清淨無穢，若以青、黃、赤縷貫之，有目之士置掌而觀，知珠異縷異，而縷依於珠，從珠至珠。摩納！比丘觀心依此身住，至彼化身亦復如是，此是比丘第二勝法。所以者何？斯由精勤，念不錯亂，樂獨閑居之所得也。

「彼以定心，清淨無穢，柔濡調伏，住無動地，一心修習神通智證，能種種變化，變化一身為無數身，以無數身還合為一；身能飛行，石壁無礙；遊空如鳥，履水如地；身出烟燄，如大火積；手捫日月，立至梵天。譬如陶師善調和泥，隨意所*在造☆作何器，多所饒益。亦如巧匠善能治木，隨意所造自在能成，多所饒益。又如牙師善治象牙，亦如金師善煉真金，隨意所造，多所饒益。摩納！比丘如是，定心清淨，住無動地，隨意變化，乃至手捫日月，立至梵天，此是比丘第三勝法。

「彼以心定清淨無穢，柔濡調伏住無動地，一心修習證天耳智。彼天耳淨過於人耳，聞二種聲：天聲、人聲。譬如城內有大講堂，高廣顯敞，有聰聽人居此堂內，堂內有聲，不勞聽功種種悉聞；比丘如是以心定故，天耳清淨聞二種聲。摩納！此是比丘第四勝法。

「彼以定心清淨無穢，柔濡調伏住無動地，一心修習證他心智。彼知他心有欲無欲、有垢無垢、有癡無癡、廣心狹心、小心大心、定心亂心、縛心解心、上心下心，至無上心皆悉知之。譬如有人以清水自照，好惡必察；比丘如是，以心淨故，能知他心。摩納！此是比丘第五勝法。

「彼以心定清淨無穢，柔濡調伏住無動地，一心修習宿命智證，便能憶識宿命無數若干種事，能憶一生至無數生，劫數成敗、死此生彼、名姓種族、飲食好惡、壽命長短、所受苦樂、形色相貌皆悉憶識。譬如有人，從己村落至他國邑，在於彼處，若行若住，若語若默，復從彼國至於餘國，如是展轉便還本土，不勞心力，盡能憶識所行諸國，從此到彼，從彼到此，行住語默，皆悉憶之。摩納！比丘如是，能以定心清淨無穢，住無動地，以宿命智能憶宿命無數劫事，此是比丘得第一勝。無明永滅，大明法生，闇冥消滅，光曜法生，此是比丘宿命智明。所以者何？斯由精勤，念無錯亂，樂獨閑居之所得也。

「彼以定心清淨無穢，柔濡調伏住無動處，一心修習見生死智證。彼天眼淨，見諸衆生死此生彼，從彼生此，形色好醜，善惡諸果，尊貴卑賤，隨所造業報應因緣皆悉知之。此人身行惡，口言惡，意念惡，誹謗賢聖，*信邪倒見，身敗命終，墮三惡道；此人身行善，口言善，意念善，不謗賢聖，見正信行，身壞命終，生天、人中。以天眼淨，見諸衆生隨所業緣，往來五道。譬如城內高廣平地，四交道頭起大高樓，明目之士在上而觀，見諸行人東西南北，舉動所為皆悉見之。摩納！比丘如是，以定心清淨，住無動處，見生死智證。以天眼淨，盡見衆生所為善惡，隨業受生，往來五道皆悉知之，此是比丘得第二明。斷除無明，生於慧明，捨離闇冥，出智慧光，此是見衆生生死智證明也。所以者何？斯由精勤，念不錯亂，樂獨閑居之所得也。

「彼以定心清淨無穢，柔濡調伏住不動地，一心修習無漏智證。彼如實知苦聖諦，如實知有漏集，如實知有漏盡，如實知趣漏盡道。彼如是知，如是見，欲漏、有漏、無明漏，心得解脫，得解脫智：生死已盡，梵行已立，所作已辦，不受後有。譬如清水中，有木石、魚鱉水性之屬東西遊行，有目之士明了見之：此是木石，此是魚鱉。摩納！比丘如是，以定心清淨，住無動地，得無漏智證，乃至不受後有，此是比丘得第三明。斷除無明，生於慧明，捨離闇冥，出大智光，是為無漏智明。所以者何？斯由精勤，念不錯亂，樂獨閑居之所得也。摩納！是為無上明行具足，於汝意云何？如是明行為是？為非？」

佛告摩納：「有人不能得無上明行具足，而行四方便。云何為四？摩納！或有人不得無上明行具足，而持斫負籠，入山求藥，食樹木根。是為，摩納！不得無上明行具足，而行第一方便。云何，摩納！此第一方便，汝及汝師行此法不？」

答曰：「不也。」

佛告摩納：「汝自卑微，不識真偽，而便誹謗輕罵釋子，自種罪根長地獄本。復次，摩納！有人不能得無上明行具足，而手執澡瓶，持杖算術，入山林中食自落果。是為，摩納！不得無上明行具足，而行第二方便。云何，摩納！汝及汝師行此法不？」

答曰：「不也。」

佛告摩納：「汝自卑微，不識真偽，而便誹謗輕慢釋子，自種罪根長地獄本。復次，摩納！不得無上明行具足，而捨前採藥及拾落果，還來向村依附人間，起草菴舍，食草木葉。摩納！是為不得明行具足，而行第三方便。云何，摩納！汝及汝師此行法不？」

答曰：「不也。」

佛告摩納：「汝自卑微，不識真偽，而便誹謗輕慢釋子，自種罪根長地獄本，是為第三方便。復次，摩納！不得無上明行具足，不食藥草，不食落果，不食草葉，而於村城起大堂閣，諸有東西南北行人過者隨力供給，是為不得無上明行具足，而行第四方便。云何，摩納！汝及汝師行此法不？」

答曰：「不也。」

佛告摩納：「汝自卑微，不識真偽，而便誹謗輕慢釋子，自種罪根長地獄本。云何！摩納！諸舊婆羅門及諸仙人多諸伎術，讚歎稱說本所誦習，如今婆羅門所可諷誦稱說：一、阿吒摩，二、婆摩，三、婆摩提婆，四、鼻波密多，五、伊兜瀨悉，六、耶婆提伽，七、婆婆婆悉吒，八、迦葉，九、阿樓那，十、瞿曇，十一、首夷婆，十二、損陀羅。如此諸大仙、婆羅門皆掘塹建立堂閣，如汝師徒今所居止不？」

答曰：「不也。」

「彼諸大仙頗起城墎，圍遶舍宅，居止其中，如汝師徒今所止不？」

答曰：「不也。」

「彼諸大仙頗處高床重褥，綩綖細軟，如汝師徒今所止不？」

答曰：「不也。」

「彼諸大仙頗似金銀、瓔珞、雜色花鬘、美女自娛，如汝師徒不？彼諸大仙頗駕乘寶車，持鐵導引，白蓋自覆，手執寶拂，著雜色寶屣，又著全白疊，如汝師徒今所服不？」

答曰：「不也。」

「摩納！汝自卑微，不識真偽，而便誹謗輕慢釋子，自種罪根長地獄本。云何，摩納！如彼諸大仙、舊婆羅門，讚嘆稱說本所諷誦，如今婆羅門所可稱說諷誦阿吒摩等，若傳彼所說以教他人，欲望生梵天者，無有是處。猶如，摩納！王波斯匿與人共議，或與諸王，或與大臣、婆羅門、居士共論，餘細人聞，入舍衛城，遇人便說波斯匿王有如是語。云何，摩納！王與是人共言議不？」

答曰：「不也。」

「摩納！此人諷誦王言以語餘人，寧得為王作大臣不？」

答曰：「無有是處。」

「摩納！汝等今日傳先宿、大仙、舊婆羅門⊙語，諷誦教人，欲至生梵天者，無有是處。云何，摩納！汝等受他供養，能隨法行不？」

答曰：「如是，瞿曇！受他供養，當如法行。」

「摩納！汝師沸伽羅娑羅[1]受王村封，而與王波斯匿共論議時，說王不要論無益之言，不以正事共相諫曉。汝今自觀及汝師過，且置是事，但當求汝所來因緣。」

摩納即時舉目觀如來身，求諸相好，盡見餘相，唯不見二相，心即懷疑。爾時世尊默自念言：「今此摩納不見二相，以此生疑。」即出廣長舌相，舐耳覆面。時彼摩納復疑一相，世尊復念：「今此摩納猶疑一相。」即以神力，使彼摩納獨見陰馬藏。爾時摩納盡見相已，乃於如來無復狐疑，即從座起，遶佛而去。

時沸伽羅娑羅門立於門外，遙望弟子見其遠來，逆問之言：「汝觀瞿曇實具相不？功德神力實如所聞不？」

即白師言：「瞿曇沙門三十二相皆悉具足，功德神力實如所聞。」

師又問曰：「汝頗與瞿曇少語議不？」

答曰：「實與瞿曇言語往返。」

師又問曰：「汝與瞿曇共論何事？」

時摩納如共佛論，具以白師，師言：「我遂得聰明弟子致使如是者，我等將入地獄不久。所以者何？汝語諸欲勝毀呰瞿曇，使之不悅，於我轉疎，汝與聰明弟子致使如是，使我入地獄不久。」

於是其師懷忿結心，即蹴摩納令墮，師自乘車。時彼摩納當墮車時，即生白癩。

時沸伽羅娑羅婆羅門仰觀日已，*默自念言：「今覲沙門瞿曇，非是時也，須待明日，當往覲問。」

於明日旦，嚴駕寶車，從五百弟子前後圍遶，詣伊車林中，下車步進到世尊所，問訊已一面坐，仰觀如來身，具見諸相，唯不見二相。

時婆羅門疑於二相，佛知其念，即出廣長舌相，舐耳覆面。時婆羅門又疑一相，佛知其念，即以神力，使見陰馬藏。時婆羅門具見如來三十二相，心即開悟，無復狐疑，尋白佛言：「若我行時，中路遇佛，少停止乘，當知我已禮敬世尊。所以者何？我受他村封，設下乘者，當失此封，惡聲流布。」

又白佛言：「若我下乘，解劍退蓋，并除幢麾，澡瓶履屣，當知我已禮敬如來。所以者何？我受他封，故有五威儀，若禮拜者，即失所封，惡名流布。」

又白佛言：「若我在眾見佛起者，若偏露右臂，自稱姓字，則知我已*禮敬☆如來。所以者何？我受他封，若禮拜者，則失封邑，惡名流布。」

又白佛言：「我歸依佛，歸依法，歸依僧，聽我於正法中為優婆塞！自今已後不殺、不盜、不婬、不欺、不飲酒，唯願世尊及諸大眾當受我請！」

爾時世尊默然受請。時婆羅門見佛默然，知以許可，即從*座起，不覺禮佛遶三匝而去。歸設飯食，供饍既辦，還白時到。

爾時世尊著衣持鉢，與諸大衆千二百五十人往詣其舍，就*座而坐。

時婆羅門手自斟酌，以種種甘饍供佛及僧。食訖去鉢，行澡水畢，時婆羅門右手執弟子阿摩晝臂至世尊前言：「唯願如來聽其悔過！唯願如來聽其悔過！」如是至三。又白佛言：「猶如善調象馬，猶有蹶倒還復正路；此人如是，雖有漏失，願聽悔過！」

佛告婆羅門：「當使汝*壽命延長，現世安隱，使汝弟子白癩得除。」

佛言適訖，時彼弟子白癩即除。

時婆羅門取一小座於佛前坐，世尊即為婆羅門說法，示教利喜：施論、戒論、生天之論，欲為穢汙，上漏為患，出要為上，演布清淨。爾時世尊知婆羅門心已調柔，清淨無垢，堪受道教，如諸佛常法，說苦聖諦、苦集聖諦、苦滅聖諦、苦出要諦。時婆羅門即於座上遠塵離垢，得法眼淨，猶如淨潔白疊，易為受染。沸伽羅娑羅婆羅門亦復如是，見法得法，決定道果，不信餘道，得無所畏，即白佛言：「我今再三歸依佛、法及比丘僧，聽我於正法中為優婆塞！盡形壽不殺、不盜、不婬、不欺、不飲酒，唯願世尊及諸大衆哀愍我故，受七日請！」

爾時世尊默然許之。時婆羅門即於七日中，種種供養佛及大衆。爾時世尊過七日已，遊行人間。

佛去未久，沸伽羅娑羅婆羅門遇病命終，時諸比丘聞此婆羅門於七日中供養佛已，便取命終，各自念：「此命終，為生何趣？」

爾時眾比丘往至世尊所，禮佛已一面坐，白佛言：「彼婆羅門於七日中供養佛已，身壞命終，當生何處？」

佛告比丘：「此族姓子諸善普集，法法具足，不違法行，斷五下結，於彼般涅槃，不來此世。」

爾時諸比丘聞佛所說，歡喜奉行。

佛說長阿含經卷第十三

佛說長阿含經卷第十四

後秦弘始年佛陀耶舍共竺佛念譯

(二一)第三分梵動經第二

如是我聞：一時，佛遊摩竭國，與大比丘衆千二百五十人俱，遊行人間，詣竹林，止宿在王堂上。

時有梵志名曰善念，善念弟子名梵摩達，師徒常共隨佛後行，而善念梵志以無數方便毀謗佛、法及比丘僧，其弟子梵摩達以無數方便稱讚佛、法及比丘僧。師徒二人各懷異心，共相違背。所以者何？斯由異習、異見、異親近故。

爾時衆多比丘於乞食後集會講堂，作如是論：「甚奇！甚特！世尊有大神力，威德具足，盡知衆生志意所趣。而此善念梵志及其弟子梵摩達隨逐如來及比丘僧，而善念梵志以無數方便毀謗佛、法及與衆僧，弟子梵摩達以無數方便稱讚如來及法、衆僧。師徒二人各懷異心，異見、異習、異親近故。」

爾時世尊於靜室中以天*耳淨☆過於人耳，聞諸比丘有如是論，世尊於*靜室起詣講堂所，大衆前坐，知而故問：「諸比丘！汝等以何因緣集此講堂？何所論說？」

時諸比丘白佛言：「我等於乞食後集此講堂，衆共議言：『甚奇！甚特！如來有大神力，威德具足，盡知衆生心志所趣。而今善念梵志及弟子梵摩達常隨如來及與衆僧，⊙而善念☆以無數方便毀謗如來及法、衆僧，弟子梵摩達以無數方便稱讚如來及法、衆僧。所以者何？以其異見、異習、異親近故。』向集講堂議如是事。」

爾時世尊告諸比丘：「若有方便毀謗如來及法、衆僧者，汝等不得懷忿結心，害意於彼。所以者何？若誹謗我、法及比丘僧，汝等懷忿結心，起害意者，則自陷溺，是故汝等不得懷忿結心，害意於彼。比丘若稱譽佛及法、衆僧者，汝等於中亦不足以為歡喜慶幸。所以者何？若汝等生歡喜心，即為陷溺，是故汝等不應生喜。所以者何？此是小緣威儀戒行，凡夫寡聞不達深義，直以所見如實讚嘆。

「云何小緣威儀戒行，凡夫寡聞，直以所見如實稱讚？彼讚嘆言：『沙門瞿曇滅殺、除殺，捨於刀杖，懷慚愧心，慈愍一切。』此是小緣威儀戒行，彼寡聞凡夫以此歎佛。又嘆：『沙門瞿曇捨不與取，滅不與取，無有盜心。』又嘆：『沙門瞿曇捨於婬欲，淨修梵行，一向護戒，不習婬逸，所以清潔。』

「又嘆：『沙門瞿曇捨滅妄語，所言至誠，所說真實，不誑世人。沙門瞿曇捨滅兩舌，不以此言壞亂於彼，不以彼言壞亂於此；有諍訟者能令和合，已和合者增其歡喜，有所言說不離和合，誠實入心，所言知時。沙門瞿曇捨滅惡口，若有麤言傷損於人，增彼結恨長怨憎者，如此麤言盡皆不為，常以善言悅可人心，衆所愛樂，聽無厭足，但說此言。沙門瞿曇捨滅綺語，知時之語、實語、利語、法語、律語、止非之語，但說是言。

「『沙門瞿曇捨離飲酒，不著香華，不觀歌舞，不坐高床，非時不食，不執金銀。不畜妻息、僮僕、婢使，不畜象馬、猪羊、鷄犬及諸鳥獸，不畜象兵、馬兵、車兵、步兵，不畜田宅種殖五穀，不以手拳與人相加，不以斗秤欺誑於人，亦不販賣券要斷當，亦不取受觝債橫生無端，亦不陰謀面背有異，非時不行。為身養壽，量腹而食，其所至處，衣鉢隨身，譬如飛鳥，羽翮身俱。』此是持戒小小因緣，彼寡聞凡夫以此歎佛。

「『如餘沙門、婆羅門受他信施，更求儲積，衣服飲食無有厭足，沙門瞿曇無有如此事。

「『如餘沙門、婆羅門食他信施，自營生業，種殖樹木，鬼神所依，沙門瞿曇無如此事。

「『如餘沙門、婆羅門食他信施，更作方便，求諸利養，象牙、雜寶、高廣大床、種種文繡、氍氀毾㲪、綩綖被褥，沙門瞿曇無如此事。

「『如餘沙門、婆羅門食他信施，更作方便，求自莊嚴，酥油摩身，香水洗浴，香末自塗，香澤梳頭，著好華鬘，染目紺色，拭面莊飾，鐶紐澡潔，以鏡自照，著寶革屣，上服純白，戴蓋執拂，幢麾莊飾，沙門瞿曇無如此事。

「『如餘沙門、婆羅門專為嬉戲，碁局博奕，八道、十道，至百千道，種種戲法以自娛樂，沙門瞿曇無如是事。

「『如餘沙門、婆羅門食他信施，但說遮道無益之言，王者、戰鬪、軍馬之事，群僚、大臣、騎乘出入、遊戲園觀，及論臥起、行步、女人之事，衣服、飲食、親里之事，又說入海採寶之事，沙門瞿曇無如此事。

「『如餘沙門、婆羅門食他信施，無數方便但作邪命，諂諛美辭現相毀呰，以利求利，沙門瞿曇無如此事。

「『如餘沙門、婆羅門食他信施，但共諍訟，或於園觀，或在浴池，或於堂上，互相是非，言：我知經律，汝無所知；我趣正道，汝趣邪徑；以前著後，以後著前；我能忍，汝不能忍；汝所言說，皆不真正，若有所疑，當來問我，我盡能答。沙門瞿曇無如是事。

「『如餘沙門、婆羅門食他信施，更作方便，求為使命，若為王、王大臣、婆羅門、居士通信使，從此詣彼，從彼至此，持此信授彼，持彼信授此，或自為，或教他為，沙門瞿曇無如是事。

「『如餘沙門、婆羅門食他信施，但習戰陣鬬諍之事，或習刀杖、弓矢之事，或鬬鷄犬、猪羊，象馬、牛駝諸獸，或鬬男女，或作眾聲：吹聲、鼓聲、歌聲、舞聲，緣幢倒絕，種種伎戲，無不翫習，沙門瞿曇無如是事。

「『如餘沙門、婆羅門食他信施，行遮道法，邪命自活，瞻相男女，吉凶好醜，及相畜生，以求利養，沙門瞿曇無如是事。

「『如餘沙門、婆羅門食他信施，行遮道法，邪命自活，召喚鬼神，或復驅遣，種種瓛禱，無數方道，恐熱於人，能聚能散，能苦能樂，又能為人安胎出衣，亦能呪人使作驢馬，亦能使人聾盲瘖瘂，現諸技術，叉手向日月，作諸苦行以求利養，沙門瞿曇無如是事。

「『如餘沙門、婆羅門食他信施，行遮道法，邪命自活，或為人呪病，或誦惡呪，或誦善呪，或為醫方、鍼*灸、藥石、療治衆病，沙門瞿曇無如此事。

「『如餘沙門、婆羅門食他信施，行遮道法，邪命自活，或呪水火，或為鬼呪，或誦剎利呪，或誦象呪，或支節呪，或安宅符呪，或火燒、鼠囓能為解呪，或誦知死生書，或誦夢書，或相手面，或誦天文書，或誦一切音書，沙門瞿曇無如此事。

「『如餘沙門、婆羅門食他信施，行遮道法，邪命自活，瞻相天時，言雨不雨，穀貴穀賤，多病少病，恐怖安隱，或說地動、彗星、月蝕、日蝕，或言星蝕，或言不蝕，方面所在，皆能記之，沙門瞿曇無如此事。

「『如餘沙門、婆羅門食他信施，行遮道法，邪命自活，或言此國當勝，彼國不如；或言彼國當勝，此國不如；瞻相吉凶，說其盛衰，沙門瞿曇無如是事。』諸比丘！此是持戒小小因緣，彼寡聞凡夫以此嘆佛。」

佛告諸比丘：「更有餘法，甚深微妙大法光明，唯有賢聖弟子能以此*法讚嘆如來。何等是甚深微妙大光明法，賢聖弟子能以此法讚嘆如來？諸有沙門、婆羅門於本劫本見、末劫末見，種種無數，隨意所說，盡入六十二見中。本劫本見、末劫末見，種種無數，隨意所說，盡不能出過六十二見中。彼沙門、婆羅門以何等緣，於本劫本見、末劫末見，種種無數，各隨意說，盡入此六十二見中，齊是不過？諸沙門、婆羅門於本劫本見，種種無數，各隨意說，盡入十八見中：本劫本見，種種無數，各隨意說，盡不能過十八見中。彼沙門、婆羅門以何等緣，於本劫本見，種種無數，各隨意說，盡入十八見中，齊此不過？諸沙門、婆羅門於本劫本見，起常論言：『我及世間常存。』此盡入四見中。於本劫本見言：『我及世間常存。』盡入四見，齊是不過。

「彼沙門、婆羅門以何等緣，於本劫本見，起常論言：『我及世間常存。』此盡入四見中，齊是不過？或有沙門、婆羅門種種方便，入定意三昧，以三昧心憶二十成劫敗劫，彼作是說：『我及世間是常，此實餘虛。所以者何？我以種種方便入定意三昧，以三昧心憶二十成劫敗劫，其中眾生不增不滅，常聚不散，我以此知：我及世間是常，此實餘虛。』此是初見。沙門、婆羅門因此於本劫本見，計我及世間是常，於四見中，齊是不過。

「或有沙門、婆羅門種種方便，入定意三昧，以三昧心憶四十成劫敗劫，彼作是說：『我及世間是常，此實餘虛。所以者何？我以種種方便，入定意三昧，以三昧心憶四十成劫敗劫，其中衆生不增不減，常聚不散，我以此知：我及世間是常，此實餘虛。』此是二見。諸沙門、婆羅門因此於本劫本見，計我及世間是常，於四見中，齊是不過。

「或有沙門、婆羅門以種種方便，入定意三昧，以三昧心憶八十成劫敗劫，彼作是言：『我及世間是常，此實餘虛。所以者何？我以種種方便入定意三昧，以三昧心憶八十成劫敗劫，其中衆生不增不減，常聚不散，我以此知：我及世間是常，此實餘虛。』此是三見。諸沙門、婆羅門因此於本劫本見，計我及世間是常，於四見中，齊是不過。

「或有沙門、婆羅門有捷疾相智，善能觀察，以捷疾相智方便觀察，謂為審諦，以己所見，以己辯才作是說言：『我及世間是常。』此是四見。沙門、婆羅門因此於本劫本見，計我及世間是常，於四見中，齊是不過此。沙門、婆羅門於本劫本見，計我及世間是常，如此一切盡入四見中，我及世間是常，於此四見中，齊是不過。

「唯有如來知此見處，如是持、如是執，亦知報應。如來所知又復過是，雖知不著，已不著則得寂滅，知受集、滅、味、過、出要，以平等觀無餘解脫，故名如來。是為餘甚深微妙大法光明，使賢聖弟子真實平等讚嘆如來。

「復有餘甚深微妙大法光明，使賢聖弟子真實平等讚嘆如來。何等是？諸沙門、婆羅門於本劫本見起論言：『我及世間，半常半無常。』彼沙門、婆羅門因此於本劫本見，計我及世間半常半無常，於此四見中，齊是不過。

「[2]或有是時此劫始成，有餘衆生福盡、命盡、行盡，從光音天命終，生空梵天中，便於彼處生愛著心，復願餘衆生共生此處，此衆生既生愛著願已，復有餘衆生命行福盡，於光音天命終，來生[⊙]此空梵天中，其先生衆生便作是念：『我於此處是梵、大梵，我自然有，無能造我者。我盡知諸義，典千世界於中自在，最為尊貴，能為變化微妙第一。為衆生父，我獨先有，餘衆生後來，後來衆生我所化成。』其後衆生復作是念：『彼是大梵，彼能自造，無造彼者，盡知諸義，典千世界於中自在，最為尊貴，能為變化微妙第一。為衆生父，彼獨先有後有我等，我等衆生彼所化成。』彼梵衆生命行盡已來生世間，年漸長大剃除鬚髮，服三法衣出家修道，入定意三昧，隨三昧心自識本生，便作是言：『彼大梵者能自造作，無造彼者，盡知諸義，典千世界於中自在，最為尊貴，能為變化微妙第一。為衆生父，常住不變，而彼梵化造我等，我等無常變易，不得久住，是故當知：我及世間半常半無常，此實餘虛。』是謂初見。沙門、婆羅門因此於本劫本見起論：半常半無常，於四見中，齊是不過。

「或有眾生喜戲笑懈怠，數數戲笑以自娛樂，彼戲笑娛樂時，身體疲極便失意，以失意便命終來生世間，年漸長大剃除鬚髮，服三法衣出家修道。彼入定意三昧，以三昧心自識本生，便作是言：『彼餘眾生不數生，不數戲笑娛樂，常在彼處永住不變。由我數戲笑故，致此無常為變易法，是故我知：我及世間半常半無常，此實餘虛。』是為第二見。沙門、婆羅門因此於本劫本見起論，我及世間半常半無常，於四見中，齊此不過。

「或有眾生展轉相看已便失意，由此命終來生世間，漸漸長大剃除鬚髮，服三法衣出家修道，入定意三昧，以三昧心識本所生，便作是言：『如彼眾生以不展轉相看，不失意故常住不變；我等於彼數相看，數相看已便失意，致此無常為變易法，我以此知：我及世間半常半無常，此實餘虛。』是第三見。諸沙門、婆羅門因此於本劫本見起論：我及世間半常半無常，於四見中，齊此不過。

「或有沙門、婆羅門有捷疾相智，善能觀察，彼以捷疾觀察相智，以己智辯言：『我及世間半常半無常，此實餘虛。』是為第四見。諸沙門、婆羅門因此於本劫本見起論，我及世間半常半無常，於四見中，齊是不過。諸沙門、婆羅門於本劫本見起論：我及世間半常半無常，盡入四見中，齊是不過。

「唯佛能知此見處，如是持、如是執，亦知報應，如來所知又復過是，雖知不著，以不著則得寂滅，知受集、滅、味、過、出要，以平等觀無餘解脫，故名如來。是為餘甚深微妙大法光明，使賢聖弟子真實平等讚歎如來。

「復有餘甚深微妙大法光明，使賢聖弟子真實平等讚歎如來。何等法是？諸沙門、婆羅門於本劫本見起論：『我及世間有邊無邊。』彼沙門、婆羅門因此於本劫本見起論：『我及世間有邊無邊。』於此四見中，齊是不過。

「或有沙門、婆羅門種種方便，入定意三昧，以三昧心觀世間起邊想，彼作是說：『此世間有邊，是實餘虛。所以者何？我以種種方便入定意三昧，以三昧心觀世間有邊，是故知世間有邊，此實餘虛。』是謂初見。沙門、婆羅門因此於本劫本見起論：我及世間有邊，於四見中，齊是不過。

「或有沙門、婆羅門以種種方便，入定意三昧，以三昧心觀世間，起無邊想，彼作是言：『世間無邊，此實餘虛。所以者何？我以種種方便，入定意三昧，以三昧心觀世間無邊，是故知世間無邊，此實餘虛。』是第二見。沙門、婆羅門因此於本劫本見起論：我及世間無邊，於四見中，齊此不過。

「或有沙門、婆羅門以種種方便，入定意三昧，以三昧心觀世間，謂上方有邊，四方無邊，彼作是言：『世間有邊無邊，此實餘虛。所以者何？我以種種方便，入定意三昧，以三昧心觀上方有邊，四方無邊，是故我知世間有邊無邊，此實餘虛。』是為第三見。諸沙門、婆羅門因此於本劫本見起論：我及世間有邊無邊，於此四見中，齊是不過。

「或有沙門、婆羅門有捷疾相智，善於觀察，彼以捷疾觀察智，以己智辯言：『我及世間非有邊非無邊，此實餘虛。』是為第四見。諸沙門、婆羅門因此於本劫本見起論：『我及世間有邊無邊，此實餘虛。』於四見中，齊是不過。此是諸沙門、婆羅門於本劫本見起論：我及世間有邊無邊，盡入四見中，齊是不過。

「唯佛能知此見處，如是持、如是執，亦知報應。如來所知又復過是，雖知不著，已不著則得寂滅，知受集、滅、味、過、出要，以平等觀無餘解脫，故名如來。是為餘甚深微妙大法光明，使賢聖弟子真實平等讚歎如來。

「復有餘甚深微妙大法光明，使賢聖弟子真實平等讚歎如來。何者是？諸沙門、婆羅門於本劫本見，異問異答，彼彼問時，異問異答，於四見中，齊是不過。沙門、婆羅門因此於本劫本見，異問異答，於四見中，齊是不過。或有沙門、婆羅門作如是論，作如是見：『我不見不知善惡有報、無報耶？我以不見不知故，作如是說：善惡有報耶？無報耶？世間有沙門、婆羅門廣博多聞，聰明智慧常樂閑靜，機辯精微世所尊重，能以智慧善別諸見。設當問我諸深義者，我不能答，有愧於彼，於彼有畏，當以此答以為歸依、為洲、為舍，為究竟道。彼設問者，當如是答：此事如是，此事實，此事異，此事不異，此事非異非不異。』是為初見。沙門、婆羅門因此問異答異，於四見中，齊是不過。

「或有沙門、婆羅門作如是論，作如是見：『我不見不知為有他世耶？無他世耶？諸世間沙門、婆羅門以天眼知、他心智，能見遠事，已雖近他，他人不見。如此人等能知有他世、無他世，我不知不見有他世、無他世。若我說者，則為妄語，我惡畏妄語，故以為歸依、為洲、為舍，為究竟道。彼設問者，當如是答：此事如是，此事實，此事異，此事不異，此事非異非不異。』是為第二見。諸沙門、婆羅門因此問異答異，於四見中，齊是不過。

「或有沙門、婆羅門作如是見，作如是論：『我不知不見何者為善？何者不善？我不知不見如是說是善、是不善？我則於此生愛，從愛生恚，有愛有恚，則有受生。我欲滅受，故出家修行；彼惡畏受，故以此為歸依、為洲、為舍，為究竟道。彼設問者，當如是答：此事如是，此事實，此事異，此事不異，此事非異非不異。』是為第三見。諸沙門、婆羅門因此問異答異；於四見中，齊是不過。

「或有沙門、婆羅門愚冥闇鈍，他有問者，彼隨他言答：『此事如是，此事實，此事異，此事不異，此事非異非不異。』是為四見。諸沙門、婆羅門因此異問異答，於四見中，齊是不過。或有沙門、婆羅門於本劫本見，異問異答，盡入四見中，齊是不過。

「唯佛能知此見處，如是持、如是執，亦知報應。如來所知又復過是，雖知不著，已不著則得寂滅，知受集、滅、味、過、出要，以平等觀無餘解脫，故名如來。是為甚深微妙大法光明，使賢聖弟子真實平等讚歎如來。

「復有餘甚深微妙大法光明，使賢聖弟子真實平等讚歎如來。何等是？或有沙門、婆羅門於本劫本見，謂無因而出有此世間，彼盡入二見中，於本劫本見無因而出有此世間，於此二見中，齊是不過。彼沙門、婆羅門因何事於本劫本見，謂無因而有，於此二見中，齊是不過？或有眾生無想無知，若彼眾生起想，則便命終來生世間，漸漸長大剃除鬚髮，服三法衣出家修道，入定意三昧，以三昧心識本所生，彼作是語：『我本無*有，今☆忽然有，此世間本無今有，此實餘虛。

』是為初見。諸沙門、婆羅門因此於本劫本*見，謂無因有，於二見中，齊是不過。

「或有沙門、婆羅門有捷疾相智，善能觀察，彼已捷疾觀察智觀，以己智辯能如是說：『此世間無因而有，此實餘虛。』此第二見。諸有沙門、婆羅門因此於本劫本見，無因而有，有此世間，於二見中，齊是不過。諸有沙門、婆羅門於本劫本見，無因而有，盡入二見中，齊是不過。唯佛能知，亦復如是。諸有沙門、婆羅門於本劫本見，無數種種隨意所說，彼盡入是十八見中。本劫本見，無數種種隨意所說，於十八見，齊是不過。唯佛能知，亦復如是。

「復有餘甚深微妙大法光明，何等是？諸有沙門、婆羅門於末劫末見，無數種種隨意所說，彼盡入四十四見中。於末劫末見，種種無數隨意所說，於四十四見，齊是不過。彼有沙門、婆羅門因何事於末劫末見，無數種種隨意所說，於四十四見，齊此不過？諸有沙門、婆羅門於末劫末見，生有想論，說世間有想，彼盡入十六見中。於末劫末見生想論，說世間有想，於十六見中，齊是不過。彼沙門、婆羅門因何事於末劫末見生想論，說世間有想，彼盡入十六見中，齊是不過？

「諸有沙門、婆羅門作如是論、如是見言：『我此終後，生有色有想，此實餘虛。』是為初見。諸沙門、婆羅門因此於末劫末見生想論，說世間有想，於十六見中，齊是不過。有言：『我此終後，生無色有想，此實餘虛。』有言：『我此終後，生有色無色有想，此實餘虛。』有言：『我此終後，生非有色非無色有想，此實餘虛。』有言：『我此終後，生有邊有想，此實餘虛。』有言：『我此終後，生無邊有想，此實餘虛。』有言：『我此終後，生有邊無邊有想，此實餘虛。』有言：『我此終後，生非有邊非無邊有想，此實餘虛。』有言：『我此終後，生而一向有樂有想，此實餘虛。』有言：『我此終後，生而一向有苦有想，此實餘虛。』有言：『我此終後，生有樂有苦有想，此實餘虛。』有言：『我此終後，生不苦不樂有想，此實餘虛。』有言：『我此終後，生有一想，此實餘虛。』有言：『我此終後，生有若干想，此實餘虛。』有言：『我此終後，生少想，此實餘虛。』有言：『我此終後，生有無量想，此實餘虛。』是為十六見。諸有沙門、婆羅門於末劫末見，生想論，說世間有想，於此十六見中，齊是不過。唯佛能知，亦復如是。

「復有餘甚深微妙大法光明，何等法是？諸有沙門、婆羅門於末劫末見，生無想論，說世間無想，彼盡入八見中。於末劫末見，生無想論，於此八見中，齊此不過。彼沙門、婆羅門因何事於末劫末見，生無想論，說世間無想，於八見中，齊此不過？諸有沙門、婆羅門作如是見，作如是論：『我此終後，生有色無想，此實餘虛。』有言：『我此終後，生無色無想，此實餘虛。』有言：『我此終後，生有色無色無想，此實餘虛。』有言：『我此終後，生非有色非無色無想，此實餘虛。』有言：『我此終後，生有邊無想，此實餘虛。』有言：

『我此終後，生有邊無邊無想，此實餘虛。』有言：『我此終後，生非有邊非無邊無想，此實餘虛。』有言：『我此終後，生非有邊非無邊無想，此實餘虛。』是為八見，若沙門、婆羅門因此於末劫末見，生無想論，說世間無想，彼盡入八見中，齊是不過。唯佛能知，亦復如是。

「復有餘甚深微妙大法光明，何等法是？或有沙門、婆羅門於末劫末見，生非想非非想論，說此世間非想非非想，彼盡入八見中。於末劫末見，作非想非非想論，說世間非想非非想，於八見中，齊是不過。彼沙門、婆羅門因何事於末劫末見，生非想非非想論，說世間非想非非想，於八見中，齊是不過？諸沙門、婆羅門作如是論，作如是見：『我此終後，生有色非有想非無想，此實餘虛。』有言：『我此終後，生無色非有想非無想，此實餘虛。』有言：『我此終後，生有色無色非有想非無想，此實餘虛。』有言：『我此終後，生非有色非無色非有想非無想，此實餘虛。』有言：『我此終後，生有邊非有想非無想，此實餘虛。』有言：『我此終後，生無邊非有想非無想，此實餘虛。』有言：『我此終後，生有邊無邊非有想非無想，此實餘虛。』有言：『我此終後，生非有邊非無邊非有想非無想，此實餘虛。』是為八見。若沙門、婆羅門因此於末劫末見，生非有想非無想論。說世間非有想非無想，盡入八見中，齊是不過。唯佛能知，亦復如是。

「復有餘甚深微妙大法光明，何等法是？諸有沙門、婆羅門於末劫末見，起斷滅論，說衆生斷滅無餘，彼盡入七見中。於末劫末見，，起斷滅論，說衆生斷滅無餘，於七見中，齊是不過。彼沙門、婆羅門因何事於末劫末見，起斷滅論，說衆生斷滅無餘，於七見中，齊是不過？諸有沙門、婆羅門作如是論，作如是見：『我身四大、六入，從父母生乳餔養育，衣食成長摩捫擁護，然是無常必歸磨滅。』齊是名為斷滅，第一見也。或有沙門、婆羅門作是說，言：『此我不得名斷滅，我欲界天斷滅無餘。』齊是為斷滅，是為二見。或有沙門、婆羅門作是說，言：『此非斷滅，⊙我色界化身，諸根具足，斷滅無餘，是為斷滅。』有言：『此非斷滅，我無色空處斷滅。』有言：『此非斷滅，我無色識處斷滅。』有言：『此非斷滅，我無色不用處斷滅。』有言：『此非斷滅，我無色有想無想處斷滅。』是第七斷滅，是為七見。諸有沙門、婆羅門因此於末劫末見，言此眾生類斷滅無餘，於七見中，齊此不過。唯佛能知，亦復如是。

「復有餘甚深微妙大法光明，何等法是？諸有沙門、婆羅門於末劫末見，現在生泥洹論，說眾生現在有泥洹，彼盡入五見中。於末劫末見說現在有泥洹，於五見中，齊是不過。彼沙門、婆羅門因何事於末劫末見，說眾生現有泥洹，於五見中，齊是不過？諸有沙門、婆羅門作是見，作是論，說：『我於現在五欲自恣，此是我得現在泥洹。』是第一見。

「復有沙門、婆羅門作是說：『此是現在泥洹，非不是，復有現在泥洹微妙第一，汝所不知，獨我知耳。如我去欲、惡不善法，有覺、有觀，離生喜、樂，入初禪。』此名現在泥洹，是第二見。

「復有沙門、婆羅門作如是說：『此是現在泥洹，非不是，復有現在泥洹微妙第一，汝所不知，獨我知耳。如我滅有覺、觀，內喜、一心，無覺、無觀，定生喜、樂，入第二禪。』齊是名現在泥洹，是為第三見。

「復有沙門、婆羅門作是說言：『此是現在泥洹，非不是，復有現在泥洹微妙第一，汝所不知，獨我知耳。如我除念，捨喜住樂，護念一心，自知身樂，賢聖所說，入第三禪。』齊是名現在泥洹，是為第四見。

「復有沙門、婆羅門作是說，言：『此是現在泥洹，非不是，現在泥洹復有微妙第一，汝所不知，獨我知耳。如我樂滅、苦滅，先除憂、喜，不苦不樂，護念清淨，入第四禪。』此名第一泥洹，是為第五見。若沙門、婆羅門於末劫末見，生現在泥洹論，於五見中，齊是不過。唯佛能知，亦復如是。

「諸有沙門、婆羅門於末劫末見，無數種種，隨意所說，於四十四見中，齊是不過。唯佛能知此諸見處，亦復如是。諸有沙門、婆羅門於本劫本見、末劫末見，無數種種隨意所說，盡入此六十二見中。於本劫本見、末劫末見，無數種種，隨意所說，於六十二見中，齊此不過。唯如來知此見處，亦復如是。

「諸有沙門、婆羅門於本劫本見，生常論說：『我、世間是常。

』彼沙門、婆羅門於此生智，謂異信、異欲、異聞、異緣、異覺、異見、異定、異忍，因此生智，彼以希現則名為受，乃至現在泥洹，亦復如是。諸有沙門、婆羅門生常論言：『世間是常。』彼因受緣，起愛生愛而不自覺知，染著於愛，為愛所伏，乃至現在泥洹，亦復如是。諸有沙門、婆羅門於本劫本見，生常論言：『世間是常。』彼因觸緣故，若離觸緣而立論者，無有是處，乃至現在泥洹，亦復如是。諸有沙門、婆羅門於本劫本見、末劫末見，各隨所見說，彼盡入六十二見中，各隨所見說，盡依中在中，齊是不過。猶如巧捕魚師，以細目網覆小池上，當知池中水性之類，皆入網內無逃避處，齊是不過。諸沙門、婆羅門亦復如是，於本劫本見、末劫末見，種種所說，盡入六十二見中，齊是不過。

「若比丘於六觸集、滅、味、過、出要，如實而知，則為最勝，出彼諸見。如來自知生死已盡，所以有身，為欲福度諸天、人故。若其無身，則諸天、世人無所恃怙。猶如多羅樹斷其頭者，則不復生；佛亦如是，已斷生死、永不復生。」

當佛說此法時，大千世界三返六種震動。爾時阿難在佛後執扇扇佛，偏露右臂長跪叉手，白佛言：「此法甚深，當以何名？云何奉持？」

佛告阿難：「當名此經為義動、法動、見動、魔動、梵動。」

爾時阿難聞佛所說，歡喜奉行。

佛說長阿含經卷第十四

佛說長阿含經卷第十五

後秦弘始年佛陀耶舍共竺佛念譯

(二二)第三分種德經第三

如是我聞：一時，佛在鴦伽國，與大比丘衆千二百五十人俱，遊行人間，止宿瞻婆城伽伽池側。

時有婆羅門，名曰種德，住瞻婆城，其城人民衆多熾盛豐樂，波斯匿王即封此城與種德婆羅門，以為梵分。此婆羅門七世以來父母真正，不為他人之所輕毀，異學三部諷誦通利，種種經書盡能分別，世典幽微靡不綜練，又能善於大人相法，瞻候吉凶、祭祀儀禮，有五百弟子，教授不廢。

時瞻婆城內諸婆羅門、長者、居士聞：「沙門瞿曇釋種子出家成道，從鴦伽國遊行人間，來瞻婆城伽伽池側，有大名稱流聞天下，如來、至真、等正覺，十號具足，於諸天、世人、魔、若魔天、沙門、婆羅門中，自身作證，為他說法，上中下言皆悉真正，義味具足梵行清淨。如此真人應往覲現，今我寧可往與相見。」

作此言已，即共相率出瞻婆城，隊隊相隨欲往詣佛。

時種德婆羅門在高臺上，遙見衆人隊隊相隨，故問侍者：「彼諸人等以何因緣隊隊相隨，欲何所至？」

侍者白言：「我聞沙門瞿曇釋種子出家成道，於鴦伽國遊行人間，至瞻婆城伽伽池側，有大名稱流聞天下，如來、至真、等正覺，十號具足，於諸天、世人、魔、若魔天、沙門、婆羅門中自身作證，為他人說，上中下言皆悉真正，義味具足梵行清淨。此瞻婆城諸婆羅門、長者、居士衆聚相隨，欲往問訊瞿曇沙門耳。」

時種德婆羅門即勅侍者：「汝速持我聲，往語諸人：『卿等小住，須我往至，當共俱詣彼瞿曇所。』」

時彼侍者即以種德聲，往語諸人言：「諸人且住，須我往到，當共俱詣彼瞿曇所。」

時諸人報侍者言：「汝速還白婆羅門言：『今正是時，宜共行也。』」

侍者還白：「諸人已住，言：『今正是時，宜共行也。』」

時種德婆羅門即便下臺，至中門立。

時有餘婆羅門五百人，以少因緣先集門下，見種德婆羅門來，皆悉起迎問言：「大婆羅門！欲何所至？」

種德報言：「有沙門瞿曇釋種子出家成道，於鴦伽國遊行人間，至瞻婆城伽伽池側，有大名稱流聞天下，如來、至真、等正覺，十號具足，於諸天、世人、魔、若魔天、沙門、婆羅門中，自身作證，為他說法，上中下言皆悉真正，義味具足，梵行清淨。如是真人宜往覲現，我今欲往至彼相見。」

時五百婆羅門即白種德言：「勿往相見！所以者何？彼應詣此，此不應往。今大婆羅門七世以來父母真正，不為他人之所輕毀；若成就此法者，彼應詣此，此不應詣彼。又大婆羅門異學三部諷誦通利，種種經書皆能分別，世典幽微靡不綜練，又能善於大人相法，瞻相吉凶、祭祀儀禮；成就此法者，彼應詣此，此不應詣彼。又大婆羅門顏貌端正，得梵色像；成就此法者，彼應詣此，此不應詣彼。又大婆羅門戒德增上，智慧成就；成就此法者，彼應詣此，此不應詣彼。

「又大婆羅門所言柔和，辯才具足，義味清淨；成就此法者，彼應詣此，此不應詣彼。又大婆羅門為大師，弟子眾多；成就此法者，彼應詣此，此不應詣彼。又大婆羅門常教授五百婆羅門；成就此法者，彼應詣此，此不應詣彼。又大婆羅門四方學者皆來請受，問諸技術祭祀之法，皆能具答；成就此法者，彼應詣此，此不應詣彼。又大婆羅門為波斯匿王及瓶沙王恭敬供養；成就此法者，彼應詣此，此不應詣彼。又大婆羅門富有財寶，庫藏盈溢；成就此法者，彼應詣此，此不應詣彼。又大婆羅門智慧明達，所言通利無有怯弱；成就此法者，彼應詣此，此不應詣彼。」

爾時種德告諸婆羅門曰：「如是！如是！如汝所言，我具有此德，非不有也。汝當聽我說，沙門瞿曇所有功德，我等應往彼，彼不應來此。沙門瞿曇七世已來父母真正，不為他人之所輕毀；彼成就此法者，我等應往彼，彼不應來此。又沙門瞿曇顏貌端正，出剎利種；成就此法者，我應詣彼，彼不應來此。又沙門瞿曇生尊貴處，出家為道；成就此法者，我應詣彼，彼不應來此。又沙門瞿曇光色具足，種姓真正，出家修道；成就此法者，我應詣彼，彼不應來此。又沙門瞿曇生財富家，有大威力，出家為道；成就此法者，我應詣彼，彼不應來此。

「又沙門瞿曇具賢聖戒，智慧成就；成就此法者，我應詣彼，彼不應來此。又沙門瞿曇善於言語，柔軟和雅；成就此法者，我應詣彼，彼不應來此。又沙門瞿曇為衆導師，弟子衆多；成就此法者，我應詣彼，彼不應來此。又沙門瞿曇永滅欲愛，無有卒暴，憂畏已除衣毛不豎，歡喜和悅見人稱善，善說行報不毀餘道；成就此法者，我應詣彼，彼不應來此。又沙門瞿曇恒為波斯匿王及瓶沙王禮敬供養；成就此法者，我應詣彼，彼不應來此。又沙門瞿曇為沸伽羅娑羅婆羅門禮敬供養，亦為梵婆羅門、多利遮婆羅門、鋸齒婆羅門、首迦摩納都耶子所見供養；成就此法者，我應詣彼，彼不應來此。

「又沙門瞿曇為諸聲聞弟子之所宗奉，禮敬供養，亦為諸天、餘鬼神衆之所恭敬，釋種、俱利、冥寧、跋祇、末*羅、酥摩皆悉宗奉；成就此法者，我應詣彼，彼不應來此。又沙門瞿曇授波斯匿王及瓶沙王受三歸五戒；成就此法者，我應詣彼，彼不應來此。又沙門瞿曇授沸伽羅娑羅婆羅門等三歸五戒；成就此法者，我應詣彼，彼不應來此。又沙門瞿曇弟子受三自歸五戒，諸天、釋種、俱利等，皆受三歸五戒；成就此法者，我應詣彼，彼不應來此。

「又沙門瞿曇遊行之時，為一切人恭敬供養；成就此法者，我應詣彼，彼不應來此。又沙門瞿曇所至城郭聚落，為人供養；成就此法者，我應詣彼，彼不應來此。又沙門瞿曇所至之處，非人、鬼神不敢觸嬈；成就此法者，我應詣彼，彼不應來此。又沙門瞿曇所至之處，其處人民皆見光明，聞天樂音；成就此法者，我應詣彼，彼不應來此。又沙門瞿曇所至之處，若欲去時，衆人戀慕涕泣而送；成就此法者，我應詣彼，彼不應來此。

「又沙門瞿曇初出家時，父母涕泣，愛惜戀恨；成就此法者，我應詣彼，彼不應來此。又沙門瞿曇少壯出家，捨諸飾好、象馬、寶車、五欲、瓔珞；成就此法者，我應詣彼，彼不應來此。又沙門瞿曇捨轉輪王位，出家為道，若其在家，當居四天下，統領民物，我等皆屬；成就此法者，我應詣彼，彼不應來此。

「又沙門瞿曇明解梵法，能為人說，亦與梵天往返言語；成就此法者，我應詣彼，彼不應來此。又沙門瞿曇三十二相皆悉具足；成就此法者，我應詣彼，彼不應來此。又沙門瞿曇智慧通達，無有怯弱；成就此法者，我應詣彼，彼不應來此。彼瞿曇今來至此瞻婆城伽伽池側，於我為尊，又是貴客，宜往親覲。」

時五百婆羅門白種德言：「甚奇！甚特！彼之功德乃⊙能如是耶？若彼於諸德中能成一者尚不應來，況今盡具！宜盡相率共往問訊。」

種德答言：「汝欲行者，宜知是時。」

時種德即嚴駕寶車，與五百婆羅門及瞻婆城諸婆羅門長者、居士，前後圍遶詣伽伽池。去池不遠，自思惟言：「我設問瞿曇，或不可彼意，彼沙門瞿曇當呵我言：應如是問，不應如是問。衆人聞者，謂我無智，損我名稱。設沙門瞿曇問我義者，我答或不稱彼意，彼沙門當呵我言：應如是答，不應如是答。衆人聞者，謂我無智，損我名稱。設我默然於此還者，衆人當言：此無所知。竟不能至沙門瞿曇所，損我名稱。若沙門瞿曇問我婆羅門法者，我答瞿曇足合其意耳。」

時種德於伽伽池側作是念已，即便前行下車步進，至世尊所，問訊已一面坐。時瞻婆城諸婆羅門、長者、居士，或有禮佛而坐者，或有問訊而坐者，或有稱名而坐者，或⊙有叉手向佛而坐者，或有默然而坐者。眾坐既定，佛知種德婆羅門心中所念，而告之曰：「汝所念者，當隨汝願！」

佛問種德：「汝婆羅門成就幾法，所言誠實能不虛妄？」

爾時種德默自念言：「甚奇！甚特！沙門瞿曇有大神力，乃見人心，如我所念而問我義。」

時種德婆羅門端身正坐，四顧大眾，熙怡而笑，方答佛言：「我婆羅門成就五法，所言至誠無有虛妄。云何為五？一者、婆羅門七世已來父母真正，不為他人之所輕毀。二者、異學三部諷誦通利，種種經書盡能分別，世典幽微靡不綜練，又能善於大人相法，明察吉凶、祭祀儀禮。三者、顏貌端正。四者、持戒具足。五者、智慧通達。是為五。瞿曇！婆羅門成就此五法，所言誠實無有虛妄。」

佛言：「善哉！種德！頗有婆羅門於五法中捨一成四，亦所言誠實無有虛妄，得名婆羅門耶？」

種德白佛言：「有。所以者何？瞿曇！何用生為？若婆羅門異學三部諷誦通利，種種經書盡能分別，世典幽微靡不綜練，又能善於大人相法，明察吉凶、祭祀儀禮，顏貌端正，持戒具足，智慧通達；有此四法，則所言誠實無有虛妄，名婆羅門。」

佛告種德：「善哉！善哉！若於此四法中捨一成三者，亦所言誠實無有虛妄，名婆羅門耶？」

種德報言：「有。所以者何？何用生、誦為？若婆羅門顏貌端正，持戒具足，智慧通達；成此三者，所言真誠無有虛妄，名婆羅門。」

佛言：「善哉！善哉！云何，若於三法中捨一成二，彼亦所言至誠無有虛妄，名婆羅門耶？」

答曰：「有。所以者何？何用生、誦及端正為？」

爾時五百婆羅門各各舉聲，語種德婆羅門言：「何故呵止生、誦及與端正，謂為無用？」

爾時世尊告五百婆羅門曰：「若種德婆羅門容貌醜陋，無有種姓，諷誦不利，無有辯才、智慧、善答，不能與我言者，汝等可語。若種德顏貌端正，種姓具足，諷誦通利，智慧辯才，善於問答，足堪與我共論義者，汝等且默，聽此人語。」

爾時種德婆羅門白佛言：「唯願瞿曇且小停止！我自以法往訓此人。」

爾時種德尋告五百婆羅門曰：「鴦伽摩納今在此衆中，是我外甥，汝等見不？今諸大衆普共集此，唯除瞿曇顏貌端正，其餘無及此摩納者。而此摩納殺生、偷盜、淫逸、無禮、虛妄、欺誑，以火燒人，斷道為惡。諸婆羅門！此鴦伽摩納衆惡悉備，然則諷誦、端正，竟何用為。」

時五百婆羅門默然不對。種德白佛言：「若持戒具足，智慧通達，則所言至誠無有虛妄，得名婆羅門也。」

佛言：「善哉！善哉！云何，種德！若於二法中捨一成一，亦所言誠實無有虛妄，名婆羅門耶？」

答曰：「不得。所以者何？戒即智慧，智慧即戒。有戒有智，然後所言誠實無有虛妄，我說名婆羅門。」

佛言：「善哉！善哉！如汝所說，有戒則有慧，有慧則有戒；戒能淨慧，慧能淨戒。種德！如人洗手，左右相須，左能淨右，右能淨左。此亦如是，有慧則有戒，有戒則有慧；戒能淨慧，慧能淨戒。婆羅門！戒、慧具者，我說名比丘。」

爾時種德婆羅門白佛言：「云何為戒？」

佛言：「諦聽！諦聽！善思念之，吾當為汝一一分別。」

對曰：「唯然，願樂欲聞！」

爾時世尊告婆羅門曰：「若如來出現於世，應供、正遍知、明行成、善逝、世間解、無上士、調御丈夫、天人師、佛、世尊，於諸天、世人、沙門、婆羅門中，自身作證，為他人說，上中下言皆悉真正，義味具足梵行清淨。若長者、長者子聞此法者，信心清淨。信心清淨已，作如是觀：在家為難，譬如桎梏，欲修梵行，不得自在，今我寧可剃除鬚髮，服三法衣，出家修道。彼於異時捨家財業，棄捐親族，服三法衣，去諸飾好，諷誦*毘尼☆，具足戒律，捨殺不殺，乃至心法四禪現得歡樂。所以者何？斯由精勤，專念不忘，樂獨閑居之所得也。婆羅門！是為具戒。」

又問：「云何為慧？」

佛言：「若比丘以三昧心清淨無穢，柔軟調伏，住不動處，乃至得三明，除去無明，生於慧明，滅於闇冥，生大法光，出漏盡智。所以者何？斯由精勤，專念不忘，樂獨閑居之所得也。婆羅門！是為智慧具足。」

時種德婆羅門白佛言：「今我歸依佛、法、聖衆，唯願聽我於正法中為優婆塞！自今已後，盡形壽不殺、不盜、不淫、不欺、不飲酒。」

時種德婆羅門聞佛所說，歡喜奉行。

(二三)佛說長阿含第三分究羅檀頭經第四

如是我聞：一時，佛在俱薩羅國，與大比丘衆千二百五十人俱，遊行人間，至俱薩羅佉㝹婆提婆羅門村北，止宿尸舍婆林中。

時有婆羅門名究羅檀頭，止佉㝹婆提村，其村豐樂人民熾盛，園觀浴池樹木清涼，波斯匿王即封此村與究羅檀頭婆羅門，以為梵分。此婆羅門七世已來父母真正，不為他人之所輕毀，異學三部諷誦通利，種種經書盡能分別，世典幽微靡不綜練，又能善於大人相法，瞻候吉凶、祭祀儀禮，有五百弟子，教授不廢。時婆羅門欲設大祀，辦五百特牛、五百牸牛、五百特犢、五百牸犢、五百羖羊、五百羯羊，欲以供祀。

時佉㝹婆提村諸婆羅門、長者、居士聞：「沙門瞿曇釋種子出家成道，從俱薩羅國人間遊行，至佉㝹婆提村北尸舍⊙婆林止，有大名稱流聞天下，如來、至真、等正覺，十號具足，於諸天、世人、魔、若魔天、沙門、婆羅門中，自身作證，為他說法，上中下言皆悉真正，義味具足，梵行清淨。如此真人應往覲現，今我等寧可往共相見。」作此語已，即便相率出佉㝹婆提村，隊隊相隨欲詣佛所。

時究羅檀頭婆羅門在高樓上，遙見衆人隊隊相隨，顧問侍者：「彼諸人等以何因緣隊隊相隨，欲何所至？」

侍者白言：「我聞沙門瞿曇釋種子出家成道，於俱薩羅國遊行人間，詣佉㝹婆提村北尸舍婆林中止，有大名稱流聞天下，如來、至真、等正覺，十號具足，於諸天、世人、魔、若魔天、沙門、婆羅門中，自身作證，為他說法，上中下言皆悉真正，義味具足，梵行清淨。此村諸婆羅門、長者、居士衆聚相隨，欲往問訊沙門瞿曇耳。」

時究羅檀頭婆羅門即勑侍者：「汝速持我聲，往語諸人言：『卿等小住，須待我往，當共俱詣沙門瞿曇。』」

時彼侍者即承教命，往語諸人言：「且住！須我往到，當共俱詣沙門瞿曇所。」

諸人報使者言：「汝速還白婆羅門：『今正是時，宜共行也。』」

侍者還白：「諸人已住，言：『今正是時，宜共行也。』」

時婆羅門即便下樓，出中門立。

時有餘婆羅門五百人在中門外坐，助究羅檀頭施設大祀，見究羅檀頭，皆悉起迎問言：「大婆羅門！欲何所至？」

報言：「我聞有沙門瞿曇釋種子出家成道，於俱薩羅國人間遊行，詣伕匇婆提村北尸舍婆林，有大名稱流聞天下，如來、至真、等正覺，十號具足，於諸天、世人、沙門、婆羅門中，自身作證，為人說法，上中下言皆悉真正，義味具足，梵行清淨。如此真人，宜往覲現。諸婆羅門！我又聞瞿曇知三種祭祀、十六祀具，今我衆中先學舊識所不能知。我今欲大祭祀，牛羊已備，欲詣瞿曇問三種祭祀、十六祀具。我等得此祭祀法已，功德具足，名稱遠聞。」

時五百婆羅門白究羅檀頭言：「大師勿往！所以者何？彼應來此，此不應往。大師七世已來父母真正，不為他人之所輕毀；若成此法者，彼應來此，此不應詣彼。」

又言：「大師異學三部諷誦通利，種種經書盡能分別，世典幽微無不綜練，又能善於大人相法，瞻相吉凶、祭祀儀禮；成此法者，彼應詣此，此不應詣彼。又大師顏貌端正，得梵色像；成此法者，彼應詣此，此不應詣彼。又大師戒德增上，智慧成就；成就此法者，彼應詣此，此不應詣彼。又大師所言柔和，辯才具足，義味清淨；成此法者，彼應詣此，此不應詣彼。

「又大師為眾導首，弟子眾多；成此法者，彼應詣此，此不應詣彼。又大師常教授五百婆羅門；成此法者，彼應詣此，此不應詣彼。又大師四方學者皆來請受，問諸技術祭祀之法，皆能具答；成此法者，彼應詣此，此不應詣彼。又大師為波斯匿王及瓶沙王恭敬供養；成此法者，彼應詣此，此不應詣彼。又大師富有財寶，庫藏盈溢；成此法者，彼應詣此，此不應詣彼。又大師智慧明達，所言通利，無有怯弱；成此法者，彼應詣此，此不應詣彼。大師若具足此十一法，彼應詣此，此不應詣彼。」

時究羅檀頭言：「如是！如是！如汝等言，我實有此德，非不有也。汝當復聽我說，沙門瞿曇所成功德，我等應詣彼，彼不應來此。沙門瞿曇七世已來父母真正，不為他人之所輕毀；彼成此法者，我等應詣彼，彼不應來。又沙門瞿曇顏貌端正，出剎利種；成此法者，我應詣彼，彼不應來。又沙門瞿曇生尊貴家，出家為道；成此法者，我應詣彼，彼不應來此。又沙門瞿曇光明具足，種姓真正，出家修道；成此法者，我應詣彼，彼不應來。又沙門瞿曇生財富家，有大威力，出家修道；成此法者，我應詣彼，彼不應來。

「又沙門瞿曇具賢聖戒，智慧成就；成此法者，我應詣彼，彼不應來。又沙門瞿曇善於言語，柔軟和雅；成此法者，我應詣彼，彼不應來。又沙門瞿曇為衆導師，弟子衆多；成此法者，我應詣彼，彼不應來。又沙門瞿曇永滅欲愛，無有卒暴，憂畏已除衣毛不豎，歡喜和悅見人稱善，善說行報不毀餘道；成此法者，我應詣彼，彼不應來。又沙門瞿曇常為波斯匿王及瓶沙王禮敬供養；成此法者，我應詣彼，彼不應來。又沙門瞿曇為沸伽羅娑羅婆羅門禮敬供養，亦為梵婆羅門、多利遮婆羅門、種德婆羅門、首伽摩納兜耶子恭敬供養；成此法者，我應詣彼，彼不應來。

「又沙門瞿曇為諸聲聞弟子之所宗奉禮敬供養，亦為諸天及諸鬼神之所恭敬，釋種、俱梨、冥寧、跋祇、末羅、蘇摩皆悉宗奉；成此法者，我應詣彼，彼不應來。又沙門瞿曇波斯匿王及瓶沙王受三歸五戒；成此法者，我應詣彼，彼不應來。又沙門瞿曇沸伽羅娑羅婆羅門等受三歸五戒；成此法者，我應詣彼，彼不應來。又沙門瞿曇弟子受三歸五戒，諸天、釋種、俱梨等⊙皆受三歸五戒；成此法者，我應詣彼，彼不應來。

「又沙門瞿曇所遊行處，為一切人恭敬供養；成此法者，我應詣彼，彼不應來。又沙門瞿曇所至城郭村邑，無不傾動恭敬供養；成此法者，我應詣彼，彼不應來。又沙門瞿曇所至之處，非人、鬼神不敢觸嬈；成此法者，我應詣彼，彼不應來。又沙門瞿曇所至之處，其處人民皆見光明，聞天樂音；成此法者，我應詣彼，彼不應來。又沙門瞿曇所至之處，若欲去時，衆人戀慕涕泣而送；成此法者，我應詣彼，彼不應來。

「又沙門瞿曇初出家時，父母宗親涕泣戀恨；成此法者，我應詣彼，彼不應來。又沙門瞿曇少壯出家，捨諸飾好、象馬、寶車、五欲、瓔珞；成此法者，我應詣彼，彼不應來。又沙門瞿曇捨轉輪王位，出家修道，若其在家，王四天下，統領民物，我等皆屬；成此法者，我應詣彼，彼不應來。

「又沙門瞿曇明解梵法，能為人說，亦與梵天往返語言；成此法者，我應詣彼，彼不應來。又沙門瞿曇明解三種祭祀、十六祀具，我等宿舊所不能知；成此法者，我應詣彼，彼不應來。又沙門瞿曇三十二相具足；成此法者，我應詣彼，彼不應來。又沙門瞿曇智慧通達，無有怯弱；成此法者，我應詣彼，彼不應來。彼瞿曇來至此佉㝹婆提村，於我為尊，又是貴客，宜往覲現。」

時五百婆羅門白究羅檀頭言：「甚奇！甚特！彼之功德乃如是耶？若使瞿曇於諸德中成就一者，尚不應來，況今盡具！宜盡相率共往問訊。」

究羅檀頭言：「欲行者，宜知是時。」

時婆羅門即嚴駕寶車，與五百婆羅門及佉㝹婆提諸婆羅門長者、居士，前後圍遶，詣尸舍婆林。到已下車，步進至世尊所，問訊已一面坐。時諸婆羅門、長者、居士，或有禮佛而坐者，或問訊而坐者，或有稱名而坐者，或有叉手向佛而坐者，或有默然而坐者。衆坐已定，究羅檀頭白佛言：「欲有所問，若有閑暇得見聽者，乃敢請問。」

佛言：「隨意所問。」

時婆羅門白佛言：「我聞瞿曇明解三種祭祀及十六種祭具，我等先宿耆舊所不能知。我等今者欲為大祭祀，已辦五百特牛、五百牸牛、五百特犢、五百牸犢、五百羖羊、五百羯羊，欲以祭祀，今日*故來，問三祭法及十六祭具。若得成此祀者，得大果報，名稱遠聞，天人所敬。」

爾時世尊告究羅檀頭婆羅門曰：「汝今諦聽！諦聽！善思念之，當為汝說。」

婆羅門言：「唯然，瞿曇！願樂欲聞！」

爾時佛告究羅檀頭曰：「乃往過去久遠世時，有刹利王水澆頭種，欲設大祀，集婆羅門大臣而告之曰：『我今大有財寶具足，五欲自恣，年已朽邁，士衆強盛，無有怯弱，庫藏盈溢。今欲設大祀，汝等說祀法斯何所須？』時彼大臣即白王言：『如是，大王！如王所言，國富兵強庫藏盈溢，但諸民物多懷惡心，習諸非法，若於此時而為祀者，不成祀法，如遣盜逐盜則不成使。大王！勿作是念言：此是我民，能伐能殺，能呵能止。諸近王者當給其所須，諸治生者當給其財寶，諸修田業者當給其牛犢、種子，使彼各各自營。王不逼迫於民，則民人安隱，養育子孫共相娛樂。』」

佛告究羅檀頭：「時王聞諸臣語已，諸親近者給其衣食，諸有商賈給其財寶，修農田者給牛、種子。是時人民各各自營，不相侵惱，養育子孫共相娛樂。」

佛言：「時王復召諸臣語言：『我國富兵強庫藏盈溢，給諸人民使無所乏，養育子孫共相娛樂。我今欲設大祀，汝說祀法悉何所須？』諸臣白王：『如是！如是！如王所說，國富兵強庫藏盈溢，給諸人民使其無乏，養育子孫共相娛樂。王欲祀者，可語宮內使知。』時王即如臣言，入語宮內：『我國富兵強庫藏盈溢，多有財寶，欲設大祀。』時諸夫人尋白王言：『如是！如是！如大王言，國富兵強庫藏盈溢，多有珍寶，欲設大祀，今正是時。』王出報諸臣言：『我國富兵強庫藏盈溢，給諸人民使其無乏，養育子孫共相娛樂。今欲大祀，已語宮內，汝盡語我，斯須何物？』

「時諸大臣即白王言：『如是！如是！如王所說，欲設大祀，已語宮內，而未語太子、皇子、大臣、將士，王當語之！』時王聞諸臣語已，即語太子、皇子、群臣、將士言：『我國富兵強庫藏盈溢，欲設大祀。』時太子、皇子及諸群臣、將士即白王言：『如是！如是！

大王！今國富兵強庫藏盈溢，欲設祀者，今正是時。』時王復告大臣曰：『我國富兵強多有財寶，欲設大祀，已語宮內、太子、皇子乃至將士，今欲大祀，斯何所須？』諸臣白王：『如大王言，欲設祀者，今正是時。』王聞語已，即於城東起新堂舍。王入新舍被鹿皮衣，以香酥油塗摩其身，又以鹿角戴之頭上，牛屎塗地，坐臥其上，及第一夫人、婆羅門、大臣。選一黃牸牛，一乳王食，一乳夫人食，一乳大臣食，一乳供養大眾，餘與犢子。時王成就八法，大臣成就四法。

「云何王成就八法？彼剎利王七世以來父母真正，不為他人所見輕毀，是為成就初法。彼王顏貌端正，剎利種族，是為二法。彼王戒德增盛，智慧具足，是為三法。彼王習種種技術，乘象、馬車、刀*矛、弓矢、戰鬪之法，無不具知，是為四法。彼王有大威力，攝諸小王，無不靡伏，是為五法。彼王善於言語，所說柔軟，義味具足，是為六法。彼王多有財寶，庫藏盈溢，是為七法。彼王智謀勇果，無復怯弱，是為八法。彼剎利種王，成此八法。

「云何大臣成就四法？彼婆羅門大臣七世以來父母真正，不為他人所見輕毀，是為初法。復次，彼大臣異學三部諷誦通利，種種經書皆能分別，世典幽微靡不綜練，又能善於大人相法，瞻察吉凶、祭祀儀禮，是為二法。復次，大臣善於言語，所說柔和，義味具足，是為三法。復次，大臣智謀勇果，無有怯弱，凡祭祀法無不解知，是為四法。時彼王成就八法，婆羅門大臣成就四法，彼王有四援助、三祭祀法、十六祀具。

「時婆羅門大臣於彼新舍，以十六事開解王意，除王疑想。云何十六？大臣白王：『或有人言：今剎利王欲為大祀，而七世以來父母不正，常為他人所見輕毀。設有此言，不能汚王，所以者何？王七世以來父母真正，不為他人之所輕毀。或有人言：今剎利王欲為大祀，而顏貌醜陋，非剎利種。設有此言，不能汚王，所以者何？王顏貌端正，剎利種族。或有人言：今剎利王欲為大祀，而無增上戒，智慧不具。設有此言，不能汚王，所以者何？王戒德增上，智慧具足。或有人言：今剎利王欲為大祀，而不善諸術，乘象、馬車、種種兵法不能解知。設有此言，不能汚王，所以者何？王善諸技術，戰陣兵法，無不解知。或有人言：王欲為大祀，而無大威力攝諸小王。設有是言，不能污王，所以者何？王有大威力，攝諸小王。

「『或有人言：王欲大祀，而不善於言語，所說麤獷，義味不具。設有此言，不能污王，所以者何？王善於言語，所說柔軟，義味具足。或有人言：王欲大祀，而無多財寶。設有是言，不能污王，所以者何？王庫藏盈溢，多有財寶。或有人言：王欲大祀，而無智謀，志意怯弱。設有是言，不能污王，所以者何？王智謀勇果，無有怯弱。或有人言：王欲大祀，不語宮內。設有是語，不能污王，所以者何？王欲祭祀，先語宮內。或有人言：王欲大祀，而不語太子、皇子。設有此言，不能污王，所以者何？王欲祭祀，先語太子、皇子。或有人言：王欲大祀，不語群臣。設有此言，不能汚王，所以者何？王欲大祀，先語群臣。或有人言：王欲大祀，不語將士。設有此言，不能汚王，所以者何？王欲祭祀，先語將士。

「『或有人言：王欲大祀，而婆羅門大臣七世以來父母不正，常為他人之所輕毀。設有是語，不能汚王，所以者何？我七世以來父母真正，不為他人所見輕毀。或有人言：王欲大祀，而大臣於異學三部諷誦不利，種種經書不能分別，世典幽微亦不綜練，不能善於大人相法，瞻察吉凶、祭祀儀禮。設有此言，不能汚王，所以者何？我於三部異典諷誦通利，種種經書皆能分別，世典幽微靡不綜練，又能善於大人相法，瞻察吉凶、祭祀儀禮。或有人言：王欲大祀，而大臣不善言語，所說麤獷，義味不具。設有此言，不能污王，所以者何？我善言語，所說柔和，義味具足。或有人言：王欲大祀，而大臣智謀不具，志意怯弱，不解祀法。設有是言，不能污王，所以者何？我智謀勇果無有怯弱，凡祭祀法無不解知。』」

佛告究羅檀頭：「彼王於十六處有疑，而彼大臣以十六事開解王意。」

佛言：「時大臣於彼新舍，以十事行示教利喜於王。云何為十？大臣言：『王祭祀時，諸有殺生、不殺生來集會者，平等施與。若有殺生而來者，亦施與，彼自當知；不殺而來者，亦施與，為是故施，如是心施。若復有偷盜、邪淫、兩舌、惡口、妄言、綺語、貪取、嫉妒、邪見來在會者，亦施與，彼自當知；若有不盜乃至正見來者，亦施與，為是故施，如是心施。』」

佛告婆羅門：「彼大臣以此十行示教利喜。」

又告婆羅門：「時彼剎利王於彼新舍生三悔心，大臣滅之。云何為三？王生悔言：『我今大祀，已為大祀，當為大祀，今為大祀，多損財寶。』起此三心，而懷悔恨。大臣語言：『王已為大祀，已施、當施、今施，於此福祀不宜生悔。』是為王入新舍生三悔心，大臣滅之。」

佛告婆羅門：「爾時剎利王水澆頭種，以十五日月滿時出彼新舍，於舍前露地然大火積，手執油瓶注於火上，唱言：『與！與！』時彼王夫人聞王以十五日月滿時出新舍，於舍前然大火積，手執油瓶注於火上，唱言：『與！與！』彼夫人、婇女多持財寶，來詣王所，而白王言：『此諸雜寶，助王為祀。』婆羅門！彼王尋告夫人、婇女言：『止！止！汝便為供養已，我自大有財寶，足以祭祀。』諸夫人、婇女自生念言：『我等不宜將此寶物還於宮中，若王於東方設大祀時，當用佐助。』婆羅門！其後王於東方設大祀時，夫人、婇女即以此寶物助設大祀。

「時太子、皇子聞王十五日月滿時出新舍，於舍前然大火積，手執油瓶注於火上，唱言：『與！與！』彼太子、皇子多持財寶，來詣王所，白王言：『以此寶物，助王大祀。』王言：『止！止！汝便為供養已，我自大有財寶，足已祭祀。』諸太子、皇子自生念言：『我等不宜持此寶物還也，王若於南方設大祀者，當以佐助。』如是大臣持寶物來，願已助王祭祀西方；將士持寶物來，願已助王祭祀北方。」

佛告婆羅門：「彼王大祭祀時，不殺牛、羊及諸衆生，唯用酥、乳、麻油、蜜、黑蜜、石蜜，以為祭祀。」

佛告婆羅門：「彼剎利王為大祀時，初喜、中喜，後亦喜，此為成辦祭祀之法。」

佛告婆羅門：「彼剎利王為大祀已，剃除鬚髮，服三法衣，出家為道，修四無量心，身壞命終生梵天上。時王夫人為大施已，亦復除髮，服三法衣。出家修道，行四梵行，身壞命終生梵天上。婆羅門大臣教王四方祭祀已，亦為大施，然後剃除鬚髮，服三法衣，出家修道，行四梵行，身壞命終生梵天上。」

佛告婆羅門：「時王為三祭祀法、十六祀具，而成大祀，於汝意云何？」

時究羅檀頭聞佛言已，默然不對。時五百婆羅門語究羅檀頭言：「沙門瞿曇所言微妙，大師何故默然不答？」

究羅檀頭答言：「沙門瞿曇所說微妙，我非不然可，所以默然者，自思惟耳。沙門瞿曇說此事，不言從他聞，我默思惟：沙門瞿曇將無是彼剎利王耶？或是彼婆羅門大臣耶？」

爾時，世尊告究羅檀頭曰：「善哉！善哉！汝觀如來，正得其宜。是時剎利王為大祀者，豈異人乎？勿造斯觀，即吾身是也，我於爾時極大施*惠。」

究羅檀頭白佛言：「齊此三祭祀及十六祀具得大果報，復有勝者耶？」

佛言：「有。」

問曰：「何者是？」

佛言：「於此三祭祀及十六祀具，若能常供養衆僧使不斷者，功德勝彼。」

又問：「於三祭祀及十六祀具，若能常供養衆僧使不斷者，為此功德最勝，復有勝者耶？」

佛言：「有。」

又問：「何者是？」

佛言：「若以三祭祀及十六祀具并供養衆僧使不斷者，不如為招提僧起僧房堂閣，此施最勝。」

又問：「為三祭祀及十六祀具，并供養衆僧使不斷絕，及為招提僧起僧房堂閣，為此福最勝，復有勝者耶？」

佛言：「有。」

又問：「何者是？」

佛言：「若為三種祭祀、十六祀具，供養衆僧使不斷絕，及為招提僧起僧房堂閣，不如起歡喜心，口自發言：『我歸依佛，歸依法，歸依僧。』此福最勝。」

又問：「齊此三歸，得大果報耶？復有勝者？」

佛言：「有。」

又問：「何者是？」

佛言：「若以歡喜心受行五戒，盡形壽不殺、不盜、不淫、不欺、不飲酒，此福最勝。」

又問：「齊此三祀，至於五戒，得大果報耶？復有勝者？」

佛言：「有。」

又問：「何者是？」

佛言：「若能以慈心念一切眾生，如搆牛乳頃，其福最勝。」

又問：「齊此三祀，至於慈心，得大果報耶？復有勝者？」

佛言：「有。」

又問：「何者是？」

佛言：「若如來、至真、等正覺出現於世，有人於佛法中出家修道，衆德悉備，乃至具足三明，滅諸癡冥具足慧明。所以者何？以不放逸樂閑靜故，此福最勝。」

究羅檀頭又白佛言：「瞿曇！我為祭祀，具諸牛羊各五百頭，今盡放捨，任其自遊隨逐水草。我今歸依佛，歸依法，歸依僧，聽我於正法中為優婆塞！自今以後，盡形壽不殺、不盜、不淫、不欺、不飲酒，唯願世尊及諸大衆*明受我請！」

爾時世尊默然受之。時婆羅門見佛默然受請已，即起禮佛，繞三匝而去，還家供辦種種餚膳。明日時到，爾時世尊著衣持鉢，與大比丘衆千二百五十人俱，詣婆羅門舍，就座而坐。時婆羅門手自斟酌，供佛及僧，食訖去鉢，行澡水畢，佛為婆羅門而作頌曰：

祭祀火為上，　諷誦詩為上，　人中王為上，　衆流海為上，

星中月為上，　光明日為上。　上下及四方，　諸有所生物，

天及世間人，　唯佛為最上；　欲求大福者，　當供養三寶。

爾時究羅檀頭婆羅門即取一小座於佛前坐，爾時世尊漸為說法，示教利喜：施論、戒論、生天之論，欲為大患，上漏為礙，出要為上，分布顯示諸清淨行。爾時世尊觀彼婆羅門志意柔軟，陰蓋輕微，易

可調伏。如諸佛常法，為說苦⊙聖諦，分別顯示，說集聖諦、集滅聖諦、出要聖諦。時究羅檀頭婆羅門即於座上遠塵離垢，得法眼淨，猶如淨潔白疊易為受染。檀頭婆羅門亦復如是，見法得法，獲果定住，不由他信，得無所畏，而白佛言：「我今重再三歸依佛、法、聖眾，願佛聽我於正法中為優婆塞！自今已後，盡形壽不殺、不盜、不淫、不欺、不飲酒。」

重白佛言：「唯願世尊更受我七日請！」

爾時世尊默然受之。時婆羅門即於七日中，手自斟酌，供佛及僧。過七日已，世尊遊行人間。

佛去未久，時究羅檀頭婆羅門得病命終。時眾多比丘聞究羅檀頭供養佛七日，佛去未久，得病命終，即自念言：「彼人命終，當何所趣？」

時諸比丘詣世尊所，頭面禮足，於一面坐，⊙而白佛言☆：「彼究羅檀頭今者命終，當生何所？」

佛告諸比丘：「彼人淨修梵行，法法成就，亦不於法有所觸嬈，以斷五下分結，於彼現般涅槃，不來此世。」

爾時諸比丘聞佛所說，歡喜奉行。

佛說長阿含經卷第十五

佛說長阿含經卷第十六

後秦弘始年佛陀耶舍共竺佛念譯

(二四)第三分堅固經第五

如是我聞：一時，佛在那難陀城波婆利掩次林中，與大比丘衆千二百五十人俱。

爾時有長者子，名曰堅固，來詣佛所，頭面禮足在一面坐。時堅固長者子白佛言：「善哉！世尊！唯願今者勅諸比丘，若有婆羅門、長者子、居士來，當為現神足，顯上人法！」

佛告堅固：「我終不教諸比丘為婆羅門、長者、居士而現神足上人法也，我但教弟子於空閑處靜默思道。若有功德當自覆藏，若有過失當自發露。」

時堅固長者子復白佛言：「唯願世尊勅諸比丘，若有婆羅門、長者、居士來，當為現神足，顯上人法！」

佛復告堅固：「我終不教諸比丘為婆羅門、長者、居士而現神足上人法也，我但教弟子於空閑處靜默思道。若有功德當自覆藏，若有過失當自發露。」

時堅固長者子白佛言：「我於上人法無有疑也，但此那難陀城國土豐樂，人民熾盛，若於中現神足者，多所饒益，佛及大衆善弘道化。」

佛復告堅固：「我終不教⊙諸比丘為婆羅門、長者子、居士而現神足上人法也，我但教弟子於空閑處靜默思道。若有功德當自覆藏，若有過失當自發露。所以者何？有三神足。云何為三？一曰神足，二曰觀察他心，三曰教誡。

「云何為神足？長者子！比丘習無量神足，能以一身變成無數，以無數身還合為一；若遠若近，山河石壁自在無礙，猶如行空；於虛空中結加趺坐，猶如飛鳥；出入大地，猶如在水；若行水上，猶如履地；身出烟火，如大火聚；手捫日月，立至梵天。若有得信長者、居士見此比丘現無量神足，立至梵天，當復詣餘未得信長者、居士所，而告之言：『我見比丘現無量神足，立至梵天。』彼長者、居士未得信者語得信者言：『我聞有瞿羅呪，能現如是無量神變，乃至立至梵天。』」

佛復告長者子堅固：「彼不信者有如此言，豈非毀謗言耶？」

堅固白佛言：「此實是毀謗言也。」

佛言：「我以是故，不勑諸比丘現神變化，但教弟子於空閑處靜默思道。若有功德當自覆藏，若有過失當自發露。如是，長者子！此即是我諸比丘所現神足。

「云何名觀察他心神足？於是比丘現無量觀察神足，觀諸眾生心所念法，隈屏所為皆能識知。若有得信長者、居士，見比丘現無量觀察神足，觀他衆生心所念法，隱屏所為皆悉識知，便詣餘未得信長者、居士所，而告之曰：『我見比丘現無量觀察神足，觀他衆生心所念法，隱屏所為皆悉能知。』彼不信長者、居士，聞此語已生毀謗言：『有乾陀羅呪能觀察他心，隱屏所為皆悉能知。』云何，長者子！此豈非毀謗言耶？」

堅固白佛言：「此實是毀謗言也。」

佛言：「我以是故，不勅諸比丘現神變化，但教弟子於空閑處靜默思道。若有功德，當自覆藏，若有過失當自發露。如是，長者子！此即是我比丘現觀察神足。

「云何為教誡神足？長者子！若如來、至真、等正覺出現於世，十號具足，於諸天、世人、魔、若魔天、沙門、婆羅門中，自身作證，為他說法，上中下言皆悉真正，義味清淨，梵行具足。若長者、居士聞已，於中得信。得信已，於中觀察自念：『我不宜在家，若在家者鈎鎖相連，不得清淨修於梵行，我今寧可剃除鬚髮，服三法衣，出家修道，具諸功德，乃至成就三明，滅諸闇冥，生大智明。所以者何？斯由精勤，樂獨閑居，專念不忘之所得也。』長者子！此是我比丘現教誡神足。」

爾時堅固長者子白佛言：「頗有比丘成就此三神足耶？」

佛告長者子：「我不說有數，多有比丘成此三神足者。長者子！我有比丘在此衆中自思念：此身四大地、水、火、風，何由永滅？彼比丘倏趣天道，往至四天王所，問四天王言：『此身四大地、水、火、風，由何永滅？』

「長者子！彼四天王報比丘言：『我不知四大由何永滅，我上有天名曰忉利，微妙第一有大智慧，彼天能知四大由何而滅。』彼比丘聞已，即倏趣天道，往詣忉利天上，問諸天言：『此身四大地、水、火、風，何由永滅？』彼忉利天報比丘言：『我不知四大何由◎永滅，上更有天，名◎曰焰摩，微妙第一有大智慧，彼天能知。』即往就問，又言不知。

「如是展轉，至兜率天、化自在天、他化自在天，皆言：『我不知四大何由而滅，上更有天，微妙第一，有大智慧，名梵迦夷，彼天能知四大何由永滅。』彼比丘即倏趣梵道，詣梵天上問言：『此身四大地、水、火、風，何由永滅？』彼梵天報比丘言：『我不知四大何由永滅，今有大梵天王，無能勝者，統千世界，富貴尊豪，最得自在，能造化物，是衆生父母，彼能知四大由何永滅。』

「長者子！彼比丘尋問：『彼*梵天☆王今為所在？』彼天報言：『不知大梵今為所在，以我意觀，出現不久。』未久梵王忽然出現。長者⊙子！彼比丘詣梵王所問言：『此身四大地、水、火、風，何由永滅？』彼大梵王告比丘言：『我梵天王無能勝者，統千世界，富貴尊豪，最得自在，能造萬物，衆生父母。』時彼比丘告梵王曰：『我不問此事，自問四大地、水、火、風，何由永滅？』

「長者子！彼梵王猶報比丘言：『我是大梵天王，無能勝者，乃至造作萬物，衆生父母。』比丘又復告言：『我不問此，我自問四大何由永滅？』長者子！彼梵天王如是至三，不能報彼比丘四大何由永滅。時大梵王即執比丘右手，將詣屏處，語言：『比丘！今諸梵*天皆謂我為智慧第一，無不知見，是故我不得報汝言：不知不見此四大何由永滅。』又語比丘：『汝為大愚，乃捨如來於諸天中推問此事，汝當於世尊所問如此事，如佛所說善受持之。』又告比丘：『今佛在舍衛國給孤獨園，汝可往問。』

「長者子！時比丘於梵天上忽然不現，譬如壯士屈申臂頃，至舍衛國祇樹給孤獨園，來至我所頭面禮足，一面坐，白我言：『世尊！

今此四大地、水、火、風，何由而滅？』時我告言：『比丘！猶如商人臂鷹入海，於海中放彼鷹飛空東西南北，若得陸地則便停止，若無陸地更還歸船。比丘！汝亦如是，乃至梵天問如是義，竟不成就還來歸我，今當使汝成就此義。』即說偈言：

何由無四大，　地水火風滅？　何由無麤細，　及長短好醜？
何由無名色，　永滅無有餘？　應答識無形，　無量自有光，
此滅四大滅，　麤細好醜滅，　於此名色滅，　識滅餘亦滅。」

時堅固長者子白佛言：「世尊！此比丘名何等？云何持之？」

佛告長者子：「此比丘名阿室已，當奉持之。」

爾時堅固長者子聞佛所說，歡喜奉行。

(二五)佛說長阿含第三分倮形梵志經第六

如是我聞：一時佛在委若國金槃鹿野林中，與大比丘衆千二百五十人俱。

時有倮形梵志姓迦葉，詣世尊所，問訊已一面坐。倮形迦葉白佛言：「我聞沙門瞿曇呵責一切諸祭祀法，罵諸苦行人以為弊穢。瞿曇！若有言：『沙門瞿曇呵責一切諸祭祀法，罵苦行人以為弊穢。』作此言者，是為法語，法法成就，不誹謗沙門瞿曇耶？」

佛言：「迦葉！彼若言沙門瞿曇呵責一切諸祭祀法，罵苦行人以為弊穢者，彼非法言，非法法成就，為誹謗我，非誠實言。所以者何？迦葉！我見彼等苦行人，有身壞命終，墮地獄中者，又見苦行人身壞命終，生天善處者。或見苦行人樂為苦行，身壞命終，生地獄中者。或見苦行人樂為苦行，身壞命終，生天善處者。迦葉！我於此二趣所受報處，盡知盡見，我寧可呵責諸苦行者以為弊穢耶？我正說是，彼則言非；我正說非，彼則言是。迦葉！有法沙門、婆羅門同，有法沙門、婆羅門不同。迦葉！彼不同者，我則捨置，以此法不與沙門、婆羅門同故。

「迦葉！彼有智者作如是觀：沙門瞿曇於不善法、重濁黑冥、非賢聖法，彼異衆師於不善法、重濁黑冥、非賢聖法，誰能堪任滅此法者？迦葉！彼有智者作是觀時，如是知見：唯沙門瞿曇能滅是法。迦葉！彼有智者作如是觀，如是推求，如是論時，我於此中則有名稱。

「復次，迦葉！彼有智者作如是觀：沙門瞿曇弟子於不善法、重濁黑冥、非賢聖法，彼異衆師弟子於不善法、重濁黑冥、非賢聖法，誰能堪任滅此法者？迦葉！彼有智者作如是觀，如是知見：唯沙門瞿曇弟子能滅是法。迦葉！彼有智者作如是觀，如是推求，如是論時，我弟子則得名稱。

「復次，迦葉！彼有智者作如是觀：沙門瞿曇於諸善法、清白、微妙及賢聖法，彼異衆師於諸善法、清白、微妙及賢聖法，誰能堪任增廣修行者？迦葉！彼有智者作如是觀，如是知見：唯有沙門瞿曇堪任增長修行是法。迦葉！彼有智者作如是觀，如是推求，如是論時，我於此中則有名稱。

「迦葉！彼有智者作如是觀：沙門瞿曇弟子於諸善法、清白、微妙及賢聖法，彼異衆師弟子於諸善法、清白、微妙及賢聖法，誰能堪任增長修行者？迦葉！彼有智者作如是觀，如是知見：唯有沙門瞿曇弟子能堪任增長修行是法。迦葉！彼有智者作如是觀，如是推求，如是論時，於我弟子則有名稱。迦葉！有道有迹，比丘於中修行，則自知自見：沙門瞿曇時說、實說、義說、法說、律說。

「迦葉！何等是道，何等是迹，比丘於中修行，自知自見：沙門瞿曇時說、實說、義說、法說、律說？迦葉！於是比丘修念覺意，依止息，依無欲，依出要，修法、精進、喜、猗、定、捨覺意，依止息，依無欲，依出要。迦葉！是為道，是為迹，比丘於中修行，自知自見：沙門瞿曇時說、實說、義說、法說、律說。」

迦葉言：「瞿曇！唯有是道、是迹，比丘於中修行，自知自見：沙門瞿曇時說、實說、義說、法說、律說。但苦行穢污，有得婆羅門名，有得沙門名。何等是苦行穢污，有得婆羅門名，有得沙門名？瞿曇！離服倮形，以手自障蔽，不受*瓨食，不受*杅食，不受兩壁中間食，不受三人中間食，不受兩刀中間食，不受兩*杅中間食，不受共食家食，不受懷姙家食，狗在門前不食其食，不受有蠅家食，不受請食，他言先識則不受其飡。不食魚，不食肉，不飲酒，不兩器食。一飡一咽，至七飡止，受人益食，不過七益。或一日一食，或二日、三日、四日、五日、六日、七日一食。或復食果，或復食莠，或食飯汁，或食麻米，或食穢稻，或食牛糞，或食鹿糞，或食樹根枝葉花實，或食自落果。或披衣，或披莎衣，或衣樹皮，或草襜身，或衣鹿皮，或留髮，或被毛編，或著塚間衣。或有常舉手者，或不坐床席，或有常蹲者，或有剃髮留髭鬚者。或有臥荊棘上者，或有臥果蓏上者，或有倮形臥牛糞上者；或一日三浴，或一夜三浴。以無數苦，苦役此身。瞿曇！是為苦行穢污，或得沙門名，或得婆羅門名。」

佛言：「迦葉！離服倮形者，以無數方便苦役此身，彼戒不具足，見不具足，不能勤修，亦不廣普。」

迦葉白佛言：「云何為戒具足？云何為見具足，過諸苦行，微妙第一？」

佛告迦葉：「諦聽！善思念之，當為汝說。」

迦葉言：「唯然，瞿曇！願樂欲聞。」

佛告迦葉：「若如來、至真出現於世，乃至四禪，於現法中而得快樂。所以者何？斯由精勤，專念一心，樂於閑靜，不放逸故。迦葉！是為戒具足，見具足，勝諸苦行，微妙第一。」

迦葉言：「瞿曇！雖曰戒具足，見具足，過諸苦行，微妙第一，但沙門法難，婆羅門法難。」

佛言：「迦葉！此是世間不共法，所謂沙門法、婆羅門法難。迦葉！乃至優婆夷亦能知此法，離服倮形，乃至無數方便苦役此身，但不知其心，為有恚心？為無恚心？有恨心？無恨心？有害心？無害心？若知此心者，不名沙門、婆羅門為*難，以☆不知故，沙門、婆羅門為難。」

爾時迦葉白佛言：「何等是沙門、何等是婆羅門戒具足，見具足，為上為勝，微妙第一？」

佛告迦葉：「諦聽！諦聽！善思念之，當為汝說。」

迦葉言：「唯然，瞿曇！願樂欲聞。」

佛言：「迦葉！彼比丘以三昧心，乃至得三明，滅諸癡冥，生智慧明，所謂漏盡智生。所以者何？斯由精勤，專念不忘，樂獨閑靜，不放逸故。迦葉！此名沙門、婆羅門戒具足，見具足，最勝最上，微妙第一。」

迦葉言：「瞿曇！雖言是沙門、婆羅門見具足，戒具足，為上為勝，微妙第一，但沙門、婆羅門法甚難！甚難！沙門亦難知，婆羅門亦難知。」

佛告迦葉：「優婆塞亦能修行此法，*自言：『我從今日能離服倮形，乃至以無數方便苦役此身。』不可以此行名為沙門、婆羅門，若當以此行名為沙門、婆羅門者，不得言沙門甚難，婆羅門甚難。不以此行為沙門、婆羅門故，言沙門甚難，婆羅門甚難。」

佛告迦葉：「我昔一時在羅閱祇，於高山七葉窟中，曾為尼俱陀梵志說清淨苦行，時梵志生歡喜心，得清淨信，供養我、稱讚我，第一供養稱讚於我。」

迦葉言：「瞿曇！誰於瞿曇不生第一歡喜、淨信，供養、稱讚者？我今於瞿曇亦生第一歡喜，得清淨信，供養、稱讚，歸依瞿曇。」

佛告迦葉：「諸世間諸所有戒，無有與此增上戒等者，況欲出其上！諸有三昧、智慧、解脫見、解脫慧，無有與此增上三昧、智慧、解脫見、解脫慧等者，況欲出其上！

「迦葉！所謂師子者，是如來、至真、等正覺。如來於大衆中廣說法時，自在無畏，故號師子。云何，迦葉！汝謂如來師子吼時不勇捍耶？勿造斯觀！如來師子吼勇捍無畏。迦葉！汝謂如來勇捍師子吼時不在大衆中耶？勿造斯觀！如來在大衆中勇捍師子吼。迦葉！汝謂如來在大衆中作師子吼不能說法耶？勿造斯觀！所以者何？如來在大衆中勇捍無畏，作師子吼，善能說法。

「云何，迦葉！汝謂如來於大衆中勇捍無畏，為師子吼，善能說法，衆曾聽者不一心耶？勿造斯觀！所以者何？如來在大衆中勇捍無畏，為師子吼，善能說法，諸來會者皆一心聽。云何，迦葉！汝謂如來在大衆中勇捍無畏，為師子吼，善能說法，諸來會者皆一心聽，而不歡喜信受行耶？勿造斯觀！所以者何？如來在大衆中勇捍*無畏☆，能師子吼，善能說法，諸來會者皆一心聽，歡喜信受。迦葉！汝謂如來在大衆中勇捍無畏，為師子吼，善能說法，諸來會者歡喜信受，而不供養耶？勿造斯觀！如來在大衆中勇捍無畏，為師子吼，善能說法，諸來會者皆一心聽，歡喜信受，而設供養。

「迦葉！汝謂如來在大衆中勇捍無畏，為師子吼，乃至信敬供養，而不剃除鬚髮，服三法衣，出家修道耶？勿造斯觀！所以者何？如來在大衆中勇捍無畏，乃至信敬供養，剃除鬚髮，服三法衣，出家修道。迦葉！汝謂如來在大衆中勇捍無畏，乃至出家修道，而不究竟梵行，至安隱處，無餘泥洹耶？勿造斯觀！所以者何？如來於大衆中勇捍無畏，乃至出家修道，究竟梵行，至安隱處，無餘泥洹。」

時迦葉白佛言：「云何，瞿曇！我得於此法中出家受具戒不？」

佛告迦葉：「若異學欲來入我法中出家修道者，當留四月觀察，稱可衆意，然後當得出家受戒。迦葉！雖有是法，亦觀其人耳。」

迦葉言：「若有異學欲來入佛法中修梵行者，當留四月觀察，稱可衆意，然後當得出家受戒。我今能於佛法中四歲觀察，稱可衆意，然後乃出家受戒。」

佛告迦葉：「我已有言，但觀其人耳。」

爾時迦葉即於佛法中出家受具足戒。時迦葉受戒未久，以淨信心修無上梵行，⊙於現法中自身作證：生死已盡，梵行已立，所作已辦，不受後有，即成阿羅漢。

爾時迦葉聞佛所說，歡喜奉行。

(二六)佛說長阿含第三分三明經第七

如是我聞：一時，佛在俱薩羅國人間遊行，與大比丘眾千二百五十人俱，詣伊車能伽羅俱薩羅婆羅門村，止宿伊車林中。

時有婆羅門名沸伽羅娑羅、婆羅門名多梨車，以小緣詣伊車能伽羅村。此沸伽羅娑羅婆羅門七世以來父母真正，不為他人之所輕毀，異典三部諷誦通利，種種經書善能分別，又能善於大人相法，觀察吉凶、祭祀儀禮，有五百弟子，教授不廢。其一弟子名婆悉咤，七世以來父母真正，不為他人之所輕毀，異學三部諷誦通利，種種經書盡能分別，亦能善於大人相法，觀察吉凶、祭祀儀禮，亦有五百弟子，教授不廢。

多梨車婆羅門亦七世已來父母真正，不為他人之所輕毀，異學三部諷誦通利，種種經書盡能分別，亦能善於大人相法，觀察吉凶、祭祀儀禮，亦有五百弟子，教授不廢。其一弟子名頗羅墮，七世已來父母真正，不為他人之所輕毀，異學三部諷誦通利，種種經書盡能分別，亦能善於大人相法，觀察吉凶、祭祀儀禮，亦有五百弟子，教授不廢。

時婆悉吒、頗羅墮二人於清旦至園中，遂共論義，更相是非。時婆悉吒語頗羅墮：「我道真正，能得出要，至於梵天，此是大師沸伽羅娑羅婆羅門所說。」

頗羅墮又言：「我道真正，能得出要，至於梵天，此是大師多梨車婆羅門所說。」

如是婆悉咤再三自稱己道真正，頗羅墮亦再三自稱己道真正，二人共論，各不能決。

時婆悉咤語頗羅墮曰：「我聞沙門瞿曇釋種子出家成道，於拘薩羅國遊行人間，今在伊車能伽羅林中，有大名稱流聞天下，如來、至真、*等正覺，十號具足，於諸天、世人、魔、若魔天、沙門、婆羅門中，自身作證，為他說法，上中下言皆悉真正，義味具足，梵行清淨，如是真人宜往覲現。我聞彼瞿曇知梵天道，能為人說，常與梵天往返言語，我等當共詣彼瞿曇，共決此義，若沙門瞿曇有所言說，當共奉持。」

爾時婆悉咤、頗羅墮二人相隨到伊車林中，詣世尊所，問訊已一面坐。

爾時世尊知彼二人心中所念，即告婆悉咤曰：「汝等二人清旦至園中，作如是論，共相是非，汝一人言：『我法真正，能得出要，至於梵天，此是大師沸伽羅娑羅所說。』彼一人言：『我法真正，能得出要，至於梵天，此是大師多梨車所說。』如是再三，更相是非，有如此事耶？」

時婆悉咤、頗羅墮聞佛此言，皆悉驚愕衣毛為竪，心自念言：「沙門瞿曇有大神德，先知人心，我等所欲論者，沙門瞿曇已先說訖。」

時婆悉咤白佛言：「此道、彼道皆稱真正，皆得出要，至於梵天，為沸伽羅娑羅婆羅門所說為是，為多梨車婆羅門所說為是耶？」

佛言：「正使婆悉咤，此道、彼道真正出要，得至梵天，汝等何為清旦園中共相是非，乃至再三耶？」

時婆悉咤白佛言：「諸有三明婆羅門說種種道，自在欲道、自作道、梵天道，此三道者盡向梵天。瞿曇！譬如村營，所有諸道皆向於城；諸婆羅門雖說種種諸道，皆向梵天。」

佛告婆悉咤：「彼諸道為盡趣梵天不？」

答曰：「盡趣。」

佛復再三重問：「種種諸道盡趣梵天不？」

答曰：「盡趣。」

爾時世尊定其語已，告婆悉咤曰：「云何三明婆羅門中，頗有一人得見梵天者不？」

答曰：「無有見者。」

「云何，婆悉吒！三明婆羅門先師，頗有得見梵天者不？」

答曰：「無有見者。」

「云何，婆悉吒！乃往三明仙人舊婆羅門，諷誦通利，能為人說舊諸讚誦，歌詠詩書，其名阿吒摩婆羅門、婆摩提婆婆羅門、毗婆審婆羅門、伊尼羅斯婆羅門、蛇婆提伽婆羅門、婆婆悉婆羅門、迦葉婆羅門、阿樓那婆羅門、瞿曇摩婆羅門、首脂婆羅門、婆羅損陀婆羅門，彼亦得見梵天不耶？」

答曰：「無有見者。」

佛言：「若彼三明婆羅門無有一見梵天者，若三明婆羅門先師無有見梵天者，又諸舊大仙三明婆羅門阿吒摩等亦不見梵天者，當知三明婆羅門所說非實。」

又告婆悉吒：「如*有婬人言：『我與彼端正女人交通，稱歎婬法。』餘人語言：『汝識彼女不？為在何處？東方、西方、南方、北方耶？』答曰：『不知。』又問：『汝知彼女所止土地城邑村落不？』答曰：『不知。』又問：『汝識彼女父母及其姓字不？』答曰：『不知。』又問：『汝知彼女為是剎利女？為是婆羅門、居士、首陀羅女耶？』答曰：『不知。』又問：『汝知彼女為長短、麤細、黑白、好醜耶？』答曰：『不知。』云何，婆悉吒！彼人讚嘆為是實不？」

答曰：「不實。」

「如是，婆悉吒！三明婆羅門所說亦爾，無有實也。云何，婆悉吒！汝三明婆羅門見日月遊行出沒處所，叉手供養，能作是說：此道真正，當得出要，至日月所不？」

報曰：「如是，三明婆羅門見日月遊行出沒處所，叉手供養，而不能言：此道真正，當得出要，至日月所也。」

「如是，婆悉吒！三明婆羅門見日月遊行出沒之處，叉手供養，而不能說：『此道真正，當得出要，至日月所。』而常叉手供養恭敬，豈非虛妄耶？」

答曰：「如是，瞿曇！彼實虛妄。」

佛言：「譬如有人立梯空地，餘人問言：『立梯用為？』答曰：『我欲上堂。』又問：『堂何所在？東、西、南、北耶？』答云：『不知。』云何，婆悉咤！此人立梯欲上堂者，豈非虛妄耶？」

答曰：「如是，彼實虛妄。」

佛言：「三明婆羅門亦復如是，虛誑無實。婆悉咤！五欲潔淨，甚可愛樂。云何為五？眼見色，甚可愛樂；耳聲、鼻香、舌味、身觸，甚可愛樂，於我賢聖法中，為著、為縛，為是*鈎鎖。彼三明婆羅門為五欲所染，愛著堅固，不見過失，不知出要。彼為五欲之所繫縛，正使奉事日月水火，唱言扶接我去生梵天者，無有是處。譬如阿夷羅河，其水平岸，烏鳥得飲，有人在此岸身被重繫，空喚彼岸言：『

來渡我去。』彼岸寧來渡此人不？」

答曰：「不也。」

「婆悉咜！五欲潔淨，甚可愛樂，於賢聖法中猶如*鈎鎖。彼三明婆羅門為五欲所染，愛著堅固，不見過失，不知出要。彼為五欲之所繫縛，正使奉事日月水火，唱言扶接我去生梵天上，亦復如是，終無是處。婆悉咜！譬如阿夷羅河，其水平岸，烏鳥得飲，有人欲渡，不以手足身力，不因船栰，能得渡不？」

答曰：「不能。」

「婆悉咜！三明婆羅門亦復如是，不修沙門清淨梵行，更修餘道不清淨行，欲求生梵天者，無有是處。婆悉咜！猶如山水暴起，多漂人民，亦無船栰，又無橋梁，有行人來欲渡彼岸，見山水暴起多漂人民，亦無船栰，又無橋梁，彼人自念：『我今寧可多集草木，牢堅縛栰，自以身力渡彼岸耶？』即尋縛栰，自以身力安隱得渡。婆悉吒！此亦如是。若比丘捨非沙門不清淨行，行於沙門清淨梵行，欲生梵天者，則有是處。云何，婆悉吒！梵天有恚心耶？無恚心耶？」

答曰：「無恚心也。」

又問：「三明婆羅門有恚心、無恚心耶？」

答曰：「有恚心。」

「婆悉吒！梵天無恚心，三明婆羅門有恚心。有恚心、無恚心不共同，不俱解脫，不相趣向，是故梵天、婆羅門不共同也。云何，婆悉吒！梵天有瞋心、無瞋心耶？」

答曰：「無瞋心。」

又問：「三明婆羅門有瞋心、無瞋心耶？」

答曰：「有瞋心。」

佛言：「梵天無瞋心，三明婆羅門有瞋心，有瞋心、無瞋心不同趣，不同解脫，是故梵天、婆羅門不共同也。云何，婆悉吒！梵天有恨心、無恨心耶？」

答曰：「無恨心。」

又問：「三明婆羅門有恨心、無恨心耶？」

答曰：「有恨心。」

佛言：「梵天無恨心，三明婆羅門有恨心，有恨心、無恨心不同趣，不同解脫，是故梵天、婆羅門不共同也。云何，婆悉咤！梵天有家屬產業不？」

答曰：「無。」

又問：「三明婆羅門有家屬產業不？」

答曰：「有。」

佛言：「梵天無家屬產業，三明婆羅門有家屬產業，有家屬產業、無家屬產業不同趣，不同解脫，是故梵天、婆羅門不共同也。云何，婆悉咤！梵天得自在、不得自在耶？」

答曰：「得自在。」

又問：「三明婆羅門得自在、不得自在耶？」

答曰：「不得自在。」

佛言：「梵天得自在，三明婆羅門不得自在，不得自在、得自在不同趣，不同解脫，是故梵天、婆羅門不共同也。」

佛言：「彼三明婆羅門，設有人來問難深義，不能具答，實如是不？」

答曰：「如是。」

時婆悉吒、頗羅墮二人俱白佛言：「且置餘論。我聞沙門瞿曇明識梵道，能為人說，又與梵天相見往來言語，唯願沙門瞿曇以慈愍故，說梵天道，開示演布！」

佛告婆悉咤：「我今問汝，隨意報我。云何，婆悉咤！彼心念國，去此遠近？」

答曰：「近。」

「若使有人生長彼國，有餘人問彼國道徑，云何，婆悉咤！彼人生長彼國答彼道徑，寧有疑不？」

答曰：「無疑。所以者何？彼國生長故。」

佛言：「正使彼人生長彼國，或可有疑。若有人來問我梵道，無疑也。所以者何？我常數數說彼梵道故。」

時婆悉咤、頗羅墮俱白佛言：「且置此論。我聞沙門瞿曇明識梵道，能為人說，又與梵天相見往來言語，唯願沙門瞿曇以慈愍故，說於梵道，開示演布！」

佛言：「諦聽！善思！當為汝說。」

答言：「唯然，願樂欲聞！」

佛言：「若如來、至真、等正覺出現於世，十號具足，乃至四禪，於現法中而自娛樂。所以者何？斯由精勤，專念不忘，樂獨閑靜，不放逸故。彼以慈心遍滿一方，餘方亦爾，廣布無際，無二、無量，無恨、無害，遊戲此心而自娛樂。悲、喜、捨心遍滿一方，餘方亦爾，廣布無際，無二、無量，無有結恨，無惱害意，遊戲此心以自娛樂。云何，婆悉吒！梵天有恚心、無恚心耶？」

答曰：「無恚心也。」

又問：「行慈比丘有恚心、無恚心耶？」

答曰：「無恚心。」

佛言：「梵天無恚心，行慈比丘無恚心，無恚心、無恚心同趣，同解脫，是故梵天、比丘俱共同也。云何，婆悉咤！梵天有瞋心耶？無瞋心耶？」

答曰：「無也。」

又問：「行慈比丘有瞋心、無瞋心耶？」

答曰：「無。」

佛言：「梵天無瞋心，行慈比丘無瞋心，無瞋心、無瞋心同趣，同解脫，是故梵天、比丘俱共同也。云何，婆悉咤！梵天有恨心、無恨心耶？」

答曰：「無。」

又*問：「行慈比丘有恨心、無恨心耶？」

答曰：「無。」

佛言：「梵天無恨心，行慈比丘無恨心，無恨心、無恨心同趣，同解脫，是故比丘、梵天俱共同也。云何，婆悉咤！梵天有家屬產業不？」

答曰：「無也。」

又問：「行慈比丘有家屬產業不①？」

答曰：「無也。」

佛言：「梵天無家屬產業，行慈比丘亦無家屬產業，無家屬產業、無家屬產業同趣，同解脫，是故梵天、比丘俱共同也。云何，婆悉咤！梵天得自在不耶？」

答曰：「得自在。」

又問：「行慈比丘得自在耶？」

答曰：「得自在。」

佛言：「梵天得自在，行慈比丘得自在，得自在、得自在同趣，同解脫，是故梵天、比丘俱共同也。」

佛告婆悉咤：「當知行慈比丘身壞命終，如發箭之頃，生梵天上。」

佛說是法時，婆悉咤、頗羅墮即於座上遠塵離垢，諸法法眼生。

爾時婆悉咤、頗羅墮聞佛所說，歡喜奉行。

佛說長阿含經卷第十六

佛說長阿含經卷第十七

後秦弘始年佛陀耶舍共竺佛念譯

(二七)第三分沙門果經第八

如是我聞：一時，佛在羅閱祇耆舊童子菴婆園中，與大比丘眾千二百五十人俱。

爾時王阿闍世韋提希子以十五日月滿時，命一夫人而告之曰：「今夜清明，與晝無異，當何所為作？」

夫人白王言：「今十五日夜月滿時，與晝無異，宜沐髮澡浴，與諸婇女五欲自娛。」

時王又命第一太子優耶婆陀而告之曰：「今夜月十五日月滿時，與晝無異，當何所施作？」

太子白王言：「今夜十五日月滿時，與晝無異，宜集四兵，與共謀議伐於邊逆，然後還此共相娛樂。」

時王又命勇健大將而告之曰：「今十五日月滿時，其夜清明，與晝無異，當何所為作？」

大將白言：「今夜清明，與晝無異，宜集四兵，案*行天下，知有逆順。」

時王又命兩舍婆羅門而告之曰：「今十五日月滿時，其夜清明，與晝無異，當詣何等沙門、婆羅門所能開悟我心？」

時雨舍白言：「今夜清明，與晝無異，有不蘭迦葉於大衆中而為導首，多有知識名稱遠聞，猶如大海多所容受，衆所供養。大王！宜往詣彼問訊，王若見者，心或開悟。」

王又命兩舍弟須尼陀而告之曰：「今夜清明，與晝無異，宜詣何等沙門、婆羅門所能開悟我心？」

須尼陀白言：「今夜清明，與晝無異，有末伽梨瞿舍*梨於大衆中而為導首，多有知識名稱遠聞，猶如大海無不容受，衆所供養。大王！宜往詣彼問訊，王若見者，心或開悟。」

王又命典作大臣而告之曰：「今夜清明，與晝無異，當詣何等沙門、婆羅門所能開悟我心？」

典作大臣白言：「有阿耆多翅舍欽婆羅於大衆中而為導首，多有知識名稱遠聞，猶如大海無不容受，衆所供養。大王！宜往詣彼問訊，王若見者，心或開悟。」

王又命伽羅守門將而告之曰：「今夜清明，與晝無異，當詣何*等沙門、婆羅門所能開悟我心？」

伽羅守門將白言：「有婆浮陀伽旃那於大眾中而為導首，多有知識名稱遠聞，猶如大海無不容受，眾所供養。大王！宜往詣彼問訊，王若見者，心或開悟。」

王又命優陀夷漫提子而告之曰：「今夜清明，與晝無異，當詣何等沙門、婆羅門所能開悟我心？」

優陀夷白言：「有散若夷毗羅梨沸於大眾中而為導首，多所知識名稱遠聞，猶如大海無不容受，眾所供養。大王！宜往詣彼問訊，王若見者，心或開悟。」

王又命弟無畏而告之曰：「今夜清明，與晝無異，當詣何*等沙門、婆羅門所能開悟我心？」

弟無畏白言：「有尼乾子於大眾中而為導首，多所知識名稱遠聞，猶如大海無不容受，眾所供養。大王！宜往詣彼問訊，王若見者，心或開悟。」

王又命壽命童子而告之曰：「今夜清明，與晝無異，當詣何等沙門、婆羅門所⊙能開悟我心？」

壽命童子白言：「有佛、世尊今在我菴婆園中。大王！宜往詣彼問訊，王若見者，心必開悟。」

王敕壽命言：「嚴我所乘寶象及餘五百白象。」

耆舊受教，即嚴王象及五百象訖，白王言：「嚴駕已備，唯願知時。」

阿闍世王自乘寶象，使五百夫人乘五百牝象，手各執炬現王威嚴，出羅閱祇欲詣佛所，小行進路，告壽命曰：「汝今誑我，陷固於我，引我大眾欲與冤家。」

壽命白言：「大王！我不敢欺王，不敢陷固引王大衆以與寃家，王但前進必獲福慶。」

時王小復前進，告壽命言：「汝欺誑我，陷固於我，欲引我衆持與寃家，如是再三。所以者何？彼有大衆千二百五十人，寂然無聲，將有謀也。」

壽命復再三白言：「大王！我不敢欺誑陷固，引王大衆持與寃家，王但前進，必獲福慶。所以者何？彼沙門法常樂閑靜，是以無聲，王但前進，園林已現。」

阿闍世王到園門，下象、解劍、退蓋，去五威儀，步入園門，告壽命曰：「今佛、世尊為在何所？」

壽命報言：「大王！今佛在彼高堂上，前有明燈，世尊處師子座，南面而坐，王小前進自見世尊。」

爾時阿闍世王往詣講堂所，於外洗足然後上堂，默然四顧生歡喜心，口自發言：「今諸沙門寂然靜默，止觀具足，願使我太子優婆耶亦止觀成就，與此無異。」

爾時世尊告阿闍世王曰：「汝念子故，口自發言：願使太子優婆耶亦止觀成就，與此無異。汝可前坐。」

時阿闍世王即前頭面禮佛足，於一面坐，而白佛言：「今欲有所問，若有閑暇，乃敢請問。」

佛言：「大王！欲有問者，便可問也。」

阿闍世王白佛言：「世尊！如今人乘象、馬車、習刀、*矛、劍、弓矢、兵仗、戰鬪之法，王子、力士、大力士、僮使、皮師、剃髮師、織鬘師、車師、瓦師、竹師、葦師，皆以種種伎術以自存生，自恣娛樂，父母、妻子、奴僕、僮使共相娛樂，如此營生現有果報。今諸沙門現在所修，現得果報不？」

佛告王曰：「汝頗曾詣諸沙門、婆羅門所問如此義不？」

王白佛言：「我曾詣沙門、婆羅門所問如是義，我念一時至不蘭迦葉所，問言：『如人乘象、馬車，習於兵法，乃至種種營生，現有果報。今此衆現在修道，現得果報不？』彼不蘭迦葉報我言：『王若自作，若教人作，*斫伐殘害，煮*炙切割，惱亂衆生，愁憂啼哭，殺生偷盜，婬逸妄語，踰牆劫奪，放火焚燒，斷道為惡。大王！行如此事，非為惡也。大王！若以利劍臠割一切眾生，以為肉聚，彌滿世間，此非為惡，亦無罪報。於恒水南⊙岸，臠割眾生，亦無有惡報。於恒水北岸，為大施會，施一切衆，利人等利，亦無福報。』」

王白佛言：「猶如有人問瓜報李，問李報瓜，彼亦如是。我問現得報不？而彼答*我無罪福報。我即自念言：『我是刹利王，水澆頭種，無緣殺出家人，繫縛驅遣。』時我懷忿結心，作此念已，即便捨去。」

又白佛言：「我於一時至末伽梨拘舍梨所，問言：『如今人乘象、馬車，習於兵法，乃至種種營生，皆現有果報。今者此衆現在修道，現得報不？』彼報我言：『大王！無施、無與，無祭祀法。亦無善惡，無善惡報。無有今世，亦無後世。無父、無母，無天、無化、無衆生。世無沙門、婆羅門平等行者，亦無今世、後世，自身作證，布現他人。諸言有者，皆是虛妄。』世尊！猶如有人問瓜報李，問李報瓜，彼亦如是。我問現得報不？彼乃以無義答。我即自念言：『我是剎利王，水澆頭種，無緣殺出家人，繫縛驅遣。』時我懷忿結心，作此念已，即便捨去。」

又白佛言：「我於一時至阿夷*多翅舍欽婆羅所，問言：『大德！如人乘象、馬車，習於兵法，乃至種種營生，皆現有果報。今者此衆現在修道，現得報不？』彼報我言：『受四大人取命終者，地大還歸地，水還歸水，火還歸火，風還歸風，皆悉壞敗，諸根歸空。若人死時，牀輿舉身置於塚間，火燒其骨如鴿色，或變為灰土。若愚、若智取命終者，皆悉壞敗，為斷滅法。』世尊！猶如有人問李瓜報，⊙問瓜李報☆，彼亦如是。我問現得報不？而彼答我以斷滅。我即念言：『我是剎利王，水澆頭種，無緣殺出家人，繫縛驅遣。』時我懷忿結心，作此念已，即便捨去。」

又白佛言：「我昔一時至*波浮陀伽旃延所，問言：『大德！如人乘象、馬車，習於兵法，乃至種種營生，皆現有果報。今者此眾現在修道，⊙現得報不？』彼答我言：『大王！無力，無精進人，無力，無方便。無因無緣眾生染著，無因無緣眾生清淨。一切眾生有命之類，皆悉無力，不得自在，無有冤讐定在數中，於此六生中受諸苦樂。』猶如問李瓜報，問瓜李報，彼亦如是。我問現得報不？彼*以無力答我。我即自念言：『我是剎利王，水澆頭種，無緣殺出家人，繫縛驅遣。』時我懷忿結心，作此念已，即便捨去。」

又白佛言：「我昔一時至散若毗羅梨子所，問言：『大德！如人乘象、馬車，習於兵法，乃至種種營生，皆現有果報。今者此衆現在修道，現得報不？』彼答我言：『大王！現有沙門果報，問如是，答此事如是，此事實，此事異，此事非異非不異。大王！現無沙門果報，問如是，答此事如是，此事實，此事異，此事非異非不異。大王！現有無沙門果報，問如是，答此事如是，此事實，此事異，此事非異非不異。大王！現非有非無沙門果報，問如是，答此事如是，此事實，此事異，此事非異非不異。』世尊！猶如人問李瓜報，問瓜李報，彼亦如是。我問現得報不？而彼異論答我。我即自念言：『我是剎利王，水澆頭種，無緣殺出家人，繫縛驅遣。』時我懷忿結心，作是念已，即便捨去。」

又白佛言：「我昔一時至尼乾子所，問言：『大德！猶如人乘象、馬車，乃至種種營生，現有果報。今者此衆現在修道，現得報不？』彼報我言：『大王！我是一切智、一切見人，盡知無餘，若行，若住、坐、臥，覺*寤無餘，智常現在前。』世尊！猶如人問李瓜報，問瓜李報，彼亦如是。我問現得報不？而彼答我以一切智。我即自念言：『我是剎利王，水澆頭種，無緣殺出家人，繫縛驅遣。』時我懷忿結心，作此念已，即便捨去。

「是故，世尊！今我來此問如是義：如人乘象、馬車，習於兵法，乃至種種營生，皆現有果報。今者沙門現在修道，現得報不？」

佛告阿闍世王曰：「我今還問王，隨意所答。云何，大王！王家僮使、內外作人，皆見王於十五日月滿時，沐髮澡浴，在高殿上與諸婇女共相娛樂，作此念言：『咄哉！行之果報乃至是乎？此王阿闍世以十五日月滿時，沐髮澡浴，於高殿上與諸婇女五欲自娛，誰能知此乃是行報者？』彼於後時，剃除鬚髮，服三法衣，出家修道，行平等法。云何，大王！大王遙見此人來，寧復起念言：是我僕使不耶？」

王白佛言：「不也，世尊！若見彼來，當起迎請坐。」

佛言：「此豈非沙門現得報耶？」

王言：「如是，世尊！此是現得沙門報也。」

「復次，大王！若王界內寄居客人食王廩賜，見王於十五日月滿時，沐髮澡浴，於高殿上與諸婇女五欲自娛，彼作是念：『咄哉！彼行之報乃如是耶？誰能知此乃是行報者？』彼於後時，剃除鬚髮，服三法衣，出家修道，行平等法。云何，大王！大王若遙見此人來，寧復起念言：是我客民食我廩賜耶？」

王言：「不也，若我見其遠來，當起迎禮敬，問訊請坐。」

「云何，大王！此非沙門現得果報耶？」

王言：「如是，現得沙門報也。」

「復次，大王！如來、至真、等正覺出現於世，入我法者，乃至三明，滅諸闇冥，生大智明，所謂漏盡智證。所以者何？斯由精勤，專念不忘，樂獨閑靜，不放逸故。云何，大王！此非沙門⊙得現在果報也？」

王報言：「如是，世尊！實是沙門現在果報。」

爾時阿闍世王即從*座起，頭面禮佛足，白佛言：「唯願世尊受我悔過！我為狂愚癡冥無識，我父摩竭瓶沙王以法治化，無有偏枉，而我迷惑五欲，實害父王。唯願世尊加哀慈愍，受我悔過！」

佛告王曰：「汝愚冥無識，但自悔過，汝迷於五欲乃害父王，今於賢聖法中能悔過者，即自饒益，吾愍汝故，受汝悔過。」

爾時阿闍世王禮世尊足已，還一面坐，佛為說法，示教利喜。王聞佛教已，即白佛言：「我今歸依佛，歸依法，歸依僧，聽我於正法中為優婆塞！自今已後，盡形壽不殺、不盜、不婬、不欺、不飲酒，唯願世尊及諸大眾明受我請！」

爾時世尊默然許可。時王見佛默然受請已，即起禮佛，遶三匝而還。

其去未久，佛告諸比丘言：「此阿闍世王過罪損減，已拔重咎。若阿闍世王不殺父者，即當於此*座上得法眼淨，而阿闍世王今自悔過，罪咎損減，已拔重咎。」

時阿闍世王至於中路，告壽命童子言：「善哉！善哉！汝今於我多所饒益，汝先稱說如來指授開發，然後將我詣世尊所，得蒙開悟，深識汝恩終不遺忘。」

時王還宮辦諸餚饍種種飲食，明日時到，唯聖知時。

爾時世尊著衣持鉢，與衆弟子千二百五十人俱，往詣王宮就座而坐。時王手自斟酌，供佛及僧，食訖去鉢，行澡水畢，禮世尊足，白言：「我今再三悔過，我為狂愚癡冥無識，我父摩竭瓶沙王以法治化，無有偏抂，而我迷於五欲，實害父王。唯願世尊加哀慈愍，受我悔過！」

佛告王曰：「汝愚冥無識，迷於五欲，乃害父王，今於賢聖法中能悔過者，即自饒益，吾今愍汝，受汝悔過。」

時王禮佛足已，取一小座於佛前坐，佛為說法，示教利喜。王聞佛教已，又白佛言：「我今再三歸依佛，歸依法，歸依僧，唯願聽我於正法中為優婆塞！自今已後，盡形壽不殺、不盜、不婬、不欺、不飲酒。」

爾時世尊為阿闍世王說法，示教利喜已，從坐起而去。

爾時阿闍世王及壽命童子聞佛所說，歡喜奉行。

(二八)佛說長阿含第三分布吒婆樓經第九

如是我聞：一時，佛在舍衛國祇樹給孤獨園，與大比丘衆千二百五十人俱。

爾時世尊清旦著衣持鉢，入舍衛城乞食。時世尊念言：「今日乞食，於時為早，今我寧可往至布吒婆樓梵志林中觀看，須時至當乞食。」

爾時世尊即詣梵志林中，時布吒婆樓梵志遙見佛來，即起迎言：「善來，沙門瞿曇！久不來此，今以何緣而能屈顧？可前就座。」

爾時世尊即就其座，告布吒婆樓曰：「汝等集此，何所作為？為何講說？」

梵志白佛言：「世尊！昨日多有梵志、沙門、婆羅門，集此婆羅門堂，說如是事，相違逆論。瞿曇！或有梵志作是說言：『人無因無緣而想生，無因無緣而想滅；想有去來，來則想生，去則想滅。』瞿曇！或有梵志作是說：『由命有想生，由命有想滅；彼想有去來，來則想生，去則想滅。』瞿曇！或有梵志作是說：『如先所言，無有是處，有大鬼神，有大威力，彼持想去，彼持想來；彼持想去則想滅，彼持想來則想生。』我因是故生念：『念沙門瞿曇*必知此義，必能善知想知滅定。』」

爾時世尊告梵志曰：「彼諸論者皆有過咎，言無因無緣而有想生，無因無緣而有想滅；想有去來，來則想生，去則想滅。或言因命想生，因命想滅；想有去來，來則想生，去則想滅。或有言：無有是處，有大鬼神，彼持想來，彼持想去；持來則想生，持去則想滅。如此言者，皆有過咎。所以者何？梵志！有因緣而想生，有因緣而想滅。

「若如來出現於世，至真、等正覺，十號具足，有人於佛法中出家為道，乃至滅五蓋覆蔽心者，除去欲、惡不善法，有覺、有觀，離生喜、樂，入初禪。先滅欲想，生喜、樂想。梵志！以此故知有因緣想生，有因緣想滅。滅有覺、觀，內喜、一心，無覺、無觀，定生喜、樂，入第二禪。梵志！彼初禪想滅，二禪想生，以是故知有因緣想滅，有因緣想生。捨喜修護，專念一心，自知身樂，賢聖所求，護念清淨，入◎第三禪。梵志！彼二禪想滅，三禪想生，以是故知有因緣想滅，有因緣想生。捨苦捨樂，先滅憂喜，護念清淨，入第四禪。梵志！彼三禪想滅，四禪想生，以是故知有因緣想滅，有因緣想生。捨一切色想，滅恚不念異想，入空處。梵志！一切色想滅，空處想生，以是故知有因緣想滅，有因緣想生。越一切空處，入識處。梵志！彼空處想滅，識處想生，故知有因緣想滅，有因緣想生。越一切識處，入不用處。梵志！彼識處想滅，不用處想生，以是故知有因緣想滅，有因緣想生。捨不用處，入有想無想處。梵志！彼不用處想滅，有想無想處想生，以是故知有因緣想滅，有因緣想生。彼捨有想無想處，入想知滅定。梵志！彼有想無想處想滅，入想知滅定，以是故知有因緣想生，有因緣想滅。彼得此想已，作是念：『有念為惡，無念為善。』彼作是念時，彼微妙想不滅，更麤想生。彼復念言：『我今寧可不為念行，不起思惟。』彼不為念行，不起思惟已，微妙想滅，麤想不生。彼不為念行，不起思惟，微妙想滅，麤想不生時，即入想知滅定。云何，梵志！汝從本已來，頗曾聞此次第滅想因緣不？」

梵志白佛言：「從本已來信自不聞如是次第滅想因緣。」

又白佛言：「我今生念：謂此有想此無想，或復有想。此想已，彼作是念：有念為惡，無念為善。彼作是念時，微妙想不滅，麤想更生。彼復念言：我今寧可不為念行，不起思惟。彼不為念行，不起思惟已，微妙想滅，麤想不生。彼不為念行，不起思惟，微妙想滅，麤想不生時，即入想知滅定。」

佛告梵志言：「善哉！善哉！此是賢聖法中次第[1]滅想定。」

梵志復白佛言：「此諸想中，何者為無上想？」

佛告梵志：「不用處想為無上。」

梵志又白佛言：「諸想中，何者為第一無上想？」

佛言：「諸⊙言有☆想、諸言無想，於其中間能次第得想知滅定者，是為第一無上想。」

梵志又問：「為一想？為多想？」

佛言：「有一想，無多想。」

梵志又問：「先有想生然後智？先有智生然後想？為想、智一時俱生耶？」

佛言：「先有想生然後智，由想有智。」

梵志又問：「想即是我耶？」

佛告梵志：「汝說何等人是我？」

梵志白佛言：「我不說人是我，我自說色身四大、六入，父母生育，乳餔成長，衣服莊嚴，無常磨滅法，我說此人是我。」

佛告梵志：「汝言色身四大、六入，父母生育，乳餔長成，衣服莊嚴，無常磨滅法，說此人是我。梵志！且置此我，但人想生、人想滅。」

梵志言：「我不說人是我，我說欲界天是我。」

佛言：「且置欲界天是我，但人想生、人想滅。」

梵志言：「我不說人是我，我自說色界天是我。」

佛言：「且置色界天是我，但人想生、人想滅。」

梵志言：「我不說人是我，我自說空處、識處、不用處、有想無想處、無色天是我。」

佛言：「且置空處、識處、無所有處、有想無想處、無色天是我，但人想生，人想滅。」

梵志白佛言：「云何，瞿曇！我寧可得知人想生、人想滅不？」

佛告梵志：「汝欲知人想生、人想滅者，甚難！甚難！所以者何？汝異見、異習、異忍、異受，依異法故。」

梵志白佛言：「如是，瞿曇！我異見、異習、異忍、異受，依異法故，欲知人想生、人想滅者，甚難！甚難！所以者何？我、世間有常，此實餘虛。我、世間無常，此實餘虛。我、世間有常無常，此實餘虛。我、世間非有常非無常，此實餘虛。我、世間有邊，此實餘虛。我、世間無邊，此實餘虛。我、世間有邊無邊，此實餘虛。我、世間非有邊非無邊，此實餘虛。是命是身，此實餘虛。命異身異，此實餘虛。身命非異非不異，此實餘虛。無命無身，此實餘虛。如來終，此實餘虛。如來不終，此實餘虛。如來終不終，此實餘虛。如來非終非不終，此實餘虛。」

佛告梵志：「世間有常，乃至如來非終非不終，我所不記。」

梵志白佛言：「瞿曇！何故不記我、世間有常？乃至如來非終非不終，盡不記耶？」

佛言：「此不與義合，不與法合，非梵行，非無欲，非無為，非寂滅，非止息，非正覺，非沙門，非泥洹，是故不記。」

梵志又問：「云何為義合、法合？云何為梵行初？云何無為？云何無欲？云何寂滅？云何止息？云何正覺？云何沙門？云何泥洹？云何名記？」

佛告梵志：「我記苦諦、苦集、苦滅、苦出要諦。所以者何？此是義合、法合、梵行初首、無欲、無為、寂滅、止息、正覺、沙門、泥洹，是故我記。」

爾時世尊為梵志說法，示教利喜已，即從*座起☆而去。

佛去未久，其後諸餘梵志語布吒婆樓梵志曰：「汝何故聽瞿曇沙門所說語？①印可瞿曇言：『我及世間有常，乃至如來非終非不終，不與義合，故我不記。』汝何故印可是言？我等不可沙門瞿曇如是所說。」

布吒婆樓報諸梵志言：「沙門瞿曇所說：『我、世間有常，乃至如來非終非不終，不與義合，故我不記。』我亦不印可此言，但彼沙門瞿曇依法住⊙法，以法而言，以法出離，我當何由違此智言？沙門瞿曇如此微妙法言不可違也。」

時布吒婆樓梵志又於異時，共象首舍利弗詣世尊所，問訊已一面坐，象首舍利弗禮佛而坐。梵志白佛言：「佛先在我所，時去未久，其後諸餘梵志語我言：『汝何故聽沙門瞿曇所說語？①印可瞿曇言：我、世間常，乃至如來非終非不終，不合義故不記。汝何故印可是言？我等不可沙門瞿曇如是所說。』我報彼言：『沙門瞿曇所說：我、世間有常，乃至如來非終非不終，不與義合，故我不記。我亦不印可此言，但彼沙門瞿曇依法住法，以法而言，以法出離，我等何由違此智言？沙門瞿曇微妙法言不可違也。』」

佛告梵志曰：「諸梵志言：『汝何故聽沙門瞿曇所說語[①]印可？』此言有咎。所以者何？我所說法，有決定記、不決定記。云何名不決定記？我、世間有常，乃至如來非終非不終，我亦說此言，而不決定記。所以然者，此不與義合，不與法合，[⊙]非梵行初，非無欲，非無為，非寂滅，非止息，非正覺，非沙門，非泥洹。是故，梵志！我雖說此言而不決定記。云何名為決定記？我記苦諦、苦集、苦滅、苦出要諦。所以者何？此與法合、義合，是梵行初首，[⑱]無欲、無為、寂滅、止息、正覺、沙門、泥洹，是故我說決定記。

「梵志！或有沙門、婆羅門於一處世間一向說樂，我語彼言：『汝等審說一處世間一向樂耶？』彼報我言：『如是。』我又說彼言：『汝知見一處世間一向樂耶？』彼答我言：『不知不見。』我復語彼言：『一處世間諸天一向樂，汝曾見不？』彼報我言：『不知不見。』又問彼言：『彼一處世間諸天，汝頗共坐起言語，精進修定不耶？』答我言：『不。』我又問彼言：『彼一處世間諸天一向樂者，頗曾來語汝言，汝所行質直，當生彼一向樂天；我以所行質直，故得生彼共受樂耶？』彼答我言：『不也。』我又問彼言：『汝能於己身起心化作他四大身，身體具足，諸根無闕不？』彼答我言：『不能。』云何，梵志！彼沙門、婆羅門所言為是誠實？為應法不？」

梵志白佛言：「此非誠實，為非法言。」

佛告梵志：『如有人言：『我與彼端正女人交通，稱讚婬女。』餘人問言：『汝識彼女不？為在何處？東方、西方、南方、北方耶？』答曰：『不知。』又問：『汝知彼女所止土地、城邑、村落不？』答曰：『不知。』又問：『汝識彼女父母及其姓字不？』答曰：『不知。』又問：『汝知彼女為剎利女？為是婆羅門、居士、首陀羅女耶？』答曰：『不知。』又問：『汝知彼女⊙形貌☆為長短、麤細、黑白、好醜耶？』答曰：『不知。』云何，梵志！此人所說為誠實不？」

答曰：『不也。』

「梵志！彼沙門、婆羅門亦復如是，無有真實。梵志！猶如有人立梯空地，餘人問言：『立梯用為？』答曰：『我欲上堂。』又問：『堂何所在？』答曰：『不知。』云何，梵志！彼立梯者豈非虛妄耶？」

答曰：「如是，彼實虛妄。」

佛言：「諸沙門、婆羅門亦復如是，虛妄無實。」

佛告布吒婆樓：「汝言我身色四大、六入，父母生育，乳餔成長，衣服莊嚴，無常磨滅，以此為我者，我說此為染汙，為清淨，為得解。汝意或謂染汙法不可滅，清淨法不可生，常在苦中。勿作是念！何以故？染汙法可滅盡，清淨法可出生，處安樂地，歡喜愛樂，專念一心，智慧增廣。梵志！我於欲界天、⊙色界天☆、空處、識處、不用處、有想無想處天，說為染汙，亦說清淨，亦說得解。汝意或謂染汙法不可滅，清淨法不可生，常在苦中。勿作是念！所以者何？染汙可滅，淨法可生，處安樂地，歡喜愛樂，專念一心，智慧增廣。」

爾時象首舍利弗白⊙佛言：「世尊！當有欲界人身四大諸根時，復有欲界天身，色界天身，空處、識處、不用處、有想無想處天身，一時有不？世尊！當有欲界天身時，復有欲界人身四大諸根，及色界天身，空處、識處、無所有處、有想無想處天身，一時有不？世尊！當有色界天身時，復有欲界人身四大諸根，及色界天身，空處、識處、無所有處、有想無想處天身，一時有不？如是至有想無想處天身時，有欲界人身四大諸根，及欲界天身，色界天身，空處、識處、無所有處天身，一時有不？」

佛告象首舍利弗：「若有欲界人身四大諸根，爾時正有欲界人身四大諸根，非欲界天身，色界天身，空處、識處、無所有處、有想無想處天身，如是乃至有有想無想處天身時，爾時正有⊙有想無想處天身，無有欲界人身四大諸根，及欲界天身，色界天身，空處、識處、無所有處天身。象首！譬如牛乳，乳變為酪，酪為生酥，生酥為熟酥，熟酥為醍醐，醍醐為第一。象首！當有乳時，唯名為乳，不名為酪、酥、醍醐。如是展轉，至醍醐時，唯名醍醐，不名為乳，不名酪、酥。象首！此亦如是，若有欲界人身四大諸根時，無有欲界天身，色界天身，乃至有想無想處天身。如是展轉，有有想無想處天身時，唯有有想無想處天身，無有欲界人身四大諸根，及欲界天身，色界天身，乃至無所有天身。

「象首！於汝意云何？若有人問汝言：『若有過去身時，有未來、現在身，一時有不？有未來身時，有過去、現在身，一時有不？有現在身時，有過去、未來身，一時有不？』設有此問者，汝云何報？」

象首言：「設有如是問者，我當報言：『有過去身時，唯是過去身，無未來、現在。有未來身時，唯是未來身，無過去、現在。有現在身時，唯是現在身，無過去、未來身。』」

「象首！此亦如是，有欲界人身四大諸根時，無欲界天身，色界天身，乃至有想無想處天身。如是展轉，至有想無想處天身時，無有欲界人身四大諸根，及欲界天身，色界天身，至不用處天身。

「復次，象首！若有人問汝言：『汝曾有過去已滅不？未來當生不？現在今有不？』設有是問者，汝當云何答？」

象首白佛言：「若有是問者，當答彼言：『我曾有過去已滅，非不有也。有未來當生，非不有也。現在今有，非不有也。』」

佛言：「象首！此亦如是，有欲界人身四大諸根時，無欲界天身，乃至有想無想天身。如是展轉，至有想無想天身時，無有欲界人身四大諸根，及欲界天身，乃至無所有處天身。」

爾時象首白佛言：「世尊！我今歸依佛，歸依法，歸依僧，聽我於正法中為優婆塞！自今已後，盡形壽不殺、不盜、不婬、不欺、不飲酒。」

時布吒婆樓梵志白佛言：「我得於佛法中出家受戒不？」

佛告梵志：「若有異學欲於我法中出家為道者，先四月觀察，稱眾人意，然後乃得出家受戒。雖有是法，亦觀*人耳。」

梵志白佛言：「諸有異學欲於佛法中出家受戒者，先當四月觀察，稱眾人意，然後乃得出家受戒。如我今者，乃能於佛法中四歲觀察，稱眾人意，然後乃望出家受戒。」

佛告梵志：「我先語汝，雖有是法，當觀其人。」

時彼梵志即於正法中得出家受戒，如是不久以信堅固，淨修梵行，於現法中自身作證：生死已盡，所作已辦，不受後有，即成阿羅漢。

爾時布吒婆樓聞佛所說，歡喜奉行。

（二九）佛說長阿含第三分露遮經第十

如是我聞：一時，佛在拘薩羅人間遊行，與大比丘衆千二百五十人俱，往詣婆羅婆提婆羅門村北尸舍婆林中止宿。

時有婆羅門，名曰露遮，住婆羅林中，其村豐樂人民熾盛，波斯匿王即封此村與婆羅門，以為梵分。此婆羅門七世已來父母真正，不為他人之所輕毀，異典三部諷誦通利，種種經書盡能分別，又能善於大人相法，瞻侯吉凶、祭祀儀禮，聞：「沙門瞿曇釋種子出家成道，於拘薩羅國人間遊行，至尸舍婆林中，有大名稱流聞天下，如來、至真、等正覺，十號具足，於諸天、世人、魔、若魔天、沙門、婆羅門眾中自身作證，與他說法，上中下善義味具足，梵行清淨。如此真人宜往覲現，我今寧可往共相見。」

時婆羅門即出彼村，詣尸舍婆林中，至世尊所，問訊已一面坐。佛為說法，示教利喜。婆羅門聞法已，白佛言：「唯願世尊及諸大眾明受我請！」

爾時世尊默然受請。彼婆羅門見佛默然，知已許可，即從*座起，遶佛而去。去佛不遠，便起惡見言：「諸沙門、婆羅門多知善法，多所證成，不應為他人說，但自知休與他說為？譬如有人壞故獄已，更造新獄，斯是貪惡不善法耳。」

時婆羅門還至婆羅林已，即於其夜具辦種種餚饍飲食。時到語剃頭師言：「汝持我聲，詣尸舍婆林中，白沙門瞿曇：『日時已到，宜知是時。』」

剃頭師受教即行，往到佛所，禮世尊足白：「時已到，宜知是時。」

爾時世尊即著衣持鉢，從諸弟子千二百五十人俱，詣婆羅林。

剃頭師侍從世尊，偏露右臂，長跪叉手，白佛言：「彼露遮婆羅門去佛不遠，生惡見言：『諸有沙門、婆羅門多知善法，多所證者，不應為他人說，但自知休與他說為？譬如有人壞故獄已，更造新獄，斯是貪惡不善法耳。』唯願世尊除其惡見！」

佛告剃頭師曰：「此是小事，易開化耳。」

爾時世尊至婆羅門舍，就座而坐。時婆羅門以種種甘饍，手自斟酌，供佛及僧。食訖去鉢，行澡水畢，取一小牀於佛前坐。

佛告露遮：「汝昨去我不遠，生惡見言：『諸沙門、婆羅門多知善法，多所證者，不應為他人說，乃至貪惡不善法。』實有是言耶？」

露遮言：「爾！實有此事。」

佛告露遮：「汝勿復爾生此惡見，所以者何？世有三師可以自誡。云何為三？一者剃除鬚髮，服三法衣，出家修道，於現法中可以除煩惱，又可增益得上人法；而於現法中不除煩惱，不得上人法，己業未成而為弟子說法，其諸弟子不恭敬承事，由復依止與共同住。露遮！彼諸弟子語師言：『師今剃除鬚髮，服三法衣，出家修道，於現法中可得除衆煩惱，得上人勝法，而今於現法中不能除煩惱，不得上人勝法，已業未成而為弟子說法，使諸弟子不復恭敬承事供養，但共依止同住而已。』」

佛言：「露遮！猶如有人壞故獄已，更造新獄，斯則名為貪濁惡法。是為一師可以自誡，是為賢聖戒、律戒、儀戒、時戒。」

又告露遮：「第二師者，剃除鬚髮，服三法衣，出家修道，於現法中可得除眾煩惱，*又可增益得上人法；而於現法中不能除眾煩惱，雖復少多得上人勝法，已業未成而為弟子說法，其諸弟子不恭敬承事，由復依止與共同住。露遮！彼諸弟子語師言：『師今剃除鬚髮，服三法衣，出家修道，於現法中得除眾煩惱，得上人法；而今於現法中不能除眾煩惱，雖復少多得上人法，已利未成而為弟子說法，使諸弟子不復恭敬承事供養，但共依止同住而已。』」

佛言：「露遮！猶如有人在他後行，手摩他背，此則名為貪濁惡法。是為二師可以自誡，是為賢聖戒、律戒、儀戒、時戒。」

又告露遮：「第三師者，剃除鬚髮，服三法衣，出家修道，於現法中可除煩惱，又可增益得上人法；而於現法中不能除衆煩惱，雖復少多得上人法，已利未成而為弟子說法，其諸弟子恭敬承事，依止同住。露遮！彼諸弟子語師言：『師今剃除鬚髮，服三法衣，出家修道，於現法中可得除衆煩惱，少多得上人法；而今於現法中不能除衆煩惱，雖復少多得上人法，已利未成而為弟子說法，諸弟子恭敬承事，共止同住。』」

佛言：「露遮！猶如有人捨己禾稼，鋤他田苗，此則名為貪濁惡法。是為三師可以自誡，是為賢聖戒、律戒、儀戒、時戒。露遮！有一世尊不在世間，不可傾動。云何為一？若如來、至真、等正覺出現於世，乃至得三明，除滅無明，生智慧明，去諸闇冥，出大法光，所謂漏盡智證。所以者何？斯由精勤，專念不忘，樂獨閑居之所得也。露遮！是為第一世尊不在世間，不可傾動。露遮！有四沙門果，何者四？謂須陀洹果、斯陀含果、阿那含果、阿羅漢果。云何，露遮！有人聞法應得此四沙門果，若有人遮言：『勿為說法。』設用其言者，彼人聞法得果以不？」

答曰：「不得。」

又問：「若不得果，得生天不？」

答曰：「不得。」

又問：「遮他說法，使不得果，不得生天，為是善心？為不善心耶？」

答曰：「不善。」

又問：「不善心者，為生善趣？為墮惡趣？」

答曰：「生惡趣。」

「露遮！猶如有人語波斯匿王言：『王所有國土，其中財物王盡自用，勿給餘人。』云何，露遮！若用彼人言者，當斷餘人供不？」

答曰：「當斷。」

又問：「斷他供者，為是善心？為不善心？」

答曰：「不善心。」

又問：「不善心者，為生善趣？為墮惡道耶？」

答曰：「墮惡道。」

「露遮！彼亦如是。有人聞法，應得四沙門果，若有人言：『勿為說法。』設用其言者，彼人聞法得果不？」

答曰：「不得。」

又問：「若不得果，得生天不？」

答曰：「不得。」

又問：「遮他說法，使不得道果，不得生天，彼為是善心？為不善心耶？」

答曰：「不善。」

又問：「不善心者，當生善趣？為⊙當墮惡道耶？」

答曰：「墮惡道。」

「露遮！若有人語汝言：『彼波羅婆提村封所有財物，露遮！自用勿給人，物當自用，與他何為？』云何，露遮！設用彼言者，當斷餘人供不？」

答曰：「當斷。」

又問：「教人斷他供者，為是善心？為不善心耶？」

答曰：「不善。」

又問：「不善心者，為生善趣？為墮惡道耶？」
答曰：「墮惡道。」
「露遮！彼亦如是。有人聞法應得四沙門果，若有人言：『勿為說法。』設用其言者，彼人聞法得果不？」
答曰：「不得。」
又問：「若不得果，得生天不？」
答曰：「不得。」
又問：「遮他說法，使不得果，不得生天，為是善心？為不善心耶？」
答曰：「不善。」

又問：「不善心者，為生善趣？為墮惡道耶？」

答曰：「墮惡道。」

爾時露遮婆羅門白佛言：「我歸依佛，歸依法，歸依僧，願聽我於正法中為優婆塞！自今已後，盡形壽不殺、不盜、不婬、不欺、不飲酒。」

佛說法已，時露遮婆羅門聞佛所說，歡喜奉行。

佛說長阿含經卷第十七

南無護法韋馱尊天菩薩

長阿含經

主　編—全佛編輯部
出版者—全佛文化出版社
地址／台北市信義路三段二〇〇號五樓
永久信箱／台北郵政二六～三四一號信箱
電話／（〇二）七〇一一〇五七・七〇一〇九四五
郵撥／一七六二六五五八　全佛文化出版社
全套定價—新台幣六〇〇〇元（全四冊）
初　版—一九九七年三月

國家圖書館出版預行編目資料

長阿含經 / (後秦)佛陀耶舍，竺佛念譯. --初版.
--臺北市：全佛文化，1997 [民 86]
冊；　公分.
ISBN 957-9462-71-2(-套：平裝)

1. 小乘經典

221.81　　86002269

隨身佛典

長阿含經

後秦佛陀耶舍共竺佛念 譯

隨身佛典

長阿含經

後秦佛陀耶舍共竺佛念　譯

隨身佛典

長阿含經

後秦佛陀耶舍共竺佛念　譯

隨身佛典

長阿含經

後秦佛陀耶舍共竺佛念 譯